Für eine Gemeinschaft,
die mir sehr am Herzen liegt

© 2024 Paul Vervé

Autor: Paul Vervé
Umschlaggestaltung, Illustration: Paul Vervé
www.projekt-pa.de

Verlag: BoD • Books on Demand GmbH, In de Tarpen 42, 22848
Norderstedt
Druck: Libri Plureos GmbH, Friedensallee 273, 22763 Hamburg

ISBN: 978-3-7597-8680-7

Bibliografische Information der Deutschen Nationalbibliothek:
Die Deutsche Nationalbibliothek verzeichnet diese Publikation in der
Deutschen Nationalbibliografie; detaillierte bibliografische Daten sind im
Internet über http://dnb.d-nb.de abrufbar.

Paul Vervé

Krisen fordern ein stabiles Wir

Ein Ansatz zur Gruppenbildung
in politisch brisanten Zeiten

Inhaltsverzeichnis

0.1   Einleitung (Anlass)   6

0.2   Zur Nutzung des Buches   14

1   Ausgangsüberlegungen   **19**

1.1   Ein Bild von Organisation finden   20

1.2   Mehrere Formen der Einigkeit   26

1.3   Neugierig auf die eigene Zukunft   33

1.4   Heterogenität der Gruppen   35

1.5   Komplementärcharaktere   38

2   Einige Ideen für Netzwerke   **43**

2.1   Die Rolle der Sprache   43

2.2   Der Diskurs als Raum   47

2.3   Zwei Arten des Konsens   51

2.4   Konsens als Schnittmenge   58

2.5   Zwischen Netzwerk und Gruppe   60

2.6   Aktiva und Passiva: Wir brauchen beide!   62

2.7   Ruhe bewahren und bitte kein Aktionismus   66

3   Ein Ansatz für Gruppen   **71**

3.1   Ein konsensorientierter Diskurs   71

3.2   Vier Funktionen – ein Überblick   74

3.3 Ein Ideal (I):
Die diskrete Bahn (der Gruppe) 87

3.4 Ein Ideal (II):
Die diskrete Bahn (der Mitglieder) 90

3.5 I: Was können wir tun? Lernen!
(Schnelleinstieg) 93

    3.5.1 Die Rolle des Anlasses 97

    3.5.2 Die Rolle der Vorarbeit 104

    3.5.3 Die Rolle des Konsens 116

    3.5.4 Die Rolle innerer Konflikte 122

3.6 Zwei Formen der Priorisierung 145

3.7 Konkretion und Anschauung 149

3.8 Mit einem gemeinsamen Rahmen geht's 157

4 Pluralität – Wir sind nicht gleich! Und das ist gut so... 167

4.1 Die Rollen der „Alphas" 171

4.2 Zwischen „Küche" und „Bad" 194

4.3 Es gibt nur ein Fernziel: Kooperation! 195

4.4 Motivationsschlüssel 197

4.5 Sozialbindungen als Garant des Vertrauens 209

4.6 Des Pudels Kern: Die eigene Entscheidung 214

4.7 Gefahren 218

4.8 Es gibt noch Vernunft
– und auch ein Happy End? 230

**5 Ordnung muss sein.
Aber nicht jede... 233**

5.1 Eine Hand voll Literaturvorschläge... 234

5.2 Ende 238

0.1 Einleitung (Anlass)

Mit diesem Buch sollen einige Erfahrungen im Bereich Netzwerk- und Gruppenbildung seit Anfang 2020 verarbeitet werden.

Die politischen Veränderungen (vorzugsweise die C-Krise und der Ukraine-Konflikt) werden dabei lediglich als Anlass und selbst nur marginal betrachtet. Dahingehend erscheinen erfreulicherweise weiterhin kritische Beiträge, wenn auch zu wenige.

Doch wichtiger sind hingegen die selbsterlebten Umstände und Einflüsse, die für eine Reihe erwartbarer Reaktionen seitens der Gesellschaften sorgten. Auch der Staat ging mit dem Anfang der C-Krise von gesellschaftlichen Reaktionen des Widerstandes aus und er reagierte auf kleinste Anzeichen ungewohnt streng oder griff teilweise sogar vorweg – ein Aspekt, der ebenfalls die *Neue Normalität* mitprägte.

Dazu zählt auch die Verschiebung der verfassungsschutzrelevanten Auffassungen zum Thema Opposition und Staatsdelegitimierung. Die Definition von Staatsfeindlichkeit wird zeitgleich erweitert und umfasst zunehmend jede Form von Kritik am Staat, unabhängig der motivationalen Herkunft. Das Phänomen „Cancel-Culture" dürfte keine zufällige gesellschaftliche Begleiterscheinung sein.

Mit der Ukraine-Krise – zunehmend als Kriegszustand kommuniziert – werden weiterhin kritische Stimmen verstärkt unterdrückt. Von den Zensurmaßnahmen der sozialen Medien ganz zu schweigen. *Frieden braucht Verteidigung*; ein Slogan eines Wahlplakates 2024(Q2) illustriert eine zunehmende Kriegsrhetorik.

Dies sind einige Schlaglichter der Veränderung, die der Gesellschaft unmissverständlich eine Botschaft mitgibt: Sachbezogene Kritik ist unerwünscht geworden und Faktenchecker verkünden die eine Wahrheit und „korrigieren" jede konsensabweichende Interpretation.

0.1. EINLEITUNG (ANLASS)

Eine *schöne neue* Welt, die wir nur aus dystopischem Literaturgut kennen, deren Ansätze wir in einer (selbst unerlebten) Vergangenheit erinnern sollen oder gewohnt fernen Ländern unterstellt werden. Doch: Die Dystopie prägt als „Neue Normalität" oder „Zeitenwende" unseren Alltag – seitens der Gesellschaft überwiegend widerstandslos. Erstaunlich.

Wer hätte gedacht, dass derart wenige kritische Diskussionen zur Zeit der „Lockdowns" den öffentlichen Diskurs gestalteten. Durch die Leitmedien wird Meinungsfreiheit propagiert und diejenigen, die sachlich argumentativ nicht widerlegt werden können, machen die Erfahrung, Teil eines abschreckenden PR-Sonderprogramms zu werden – bestenfalls.

Der kritische Teil unserer Gesellschaft dürfte ab Anfang 2020 die gesellschaftliche Situation so – oder so ähnlich – wahrgenommen haben.

Dabei sind die zentralen Themen kein Geheimnis. Eines dieser Themen wird von Susan George im Jahre 1999 unter dem Titel *The Lugano Report: On Preserving Capitalism in the Twenty-first Century* auf beeindruckende Weise dargestellt. Das Fazit des Reports ist eindeutig: Ohne eine effektive Reduktion der Weltbevölkerung wird unser ökonomisches und politisches Dasein im 21. Jahrhundert global umfassend kollabieren.

Georges Report mag fiktiv sein, aber die von ihr angeführten Eckdaten, Statistiken und Prognosen sind es nicht. Der Report geht praktisch weit über das hinaus, was der Club of Rome zwei Jahrzehnte zuvor noch in seinen Berichten lediglich andeutete. Somit geht es im Lugano Report um praktische Empfehlungen an die Weltelite, *wie* die Weltbevölkerung reduziert werden sollte – nicht ob. Da die menschliche Population sich zwischen 1960 und 2000 verdoppelte, dürfte es nicht schwierig sein, zu erahnen, welche Kräfte in Zukunft aufeinandertreffen werden.

Georges Buch ist nun ein Vierteljahrhundert alt und alle Geister, die sich im Zuge der Globalisierung auch nur einmal kritischer die Frage nach der Rolle des Staates im Zusammenhang mit dem Thema Bevölkerungswachstum stellten, müssten erkannt haben, dass die Gesellschaften und ihre Dezimierung als Schlüssel zum Machterhalt und Aufrechterhaltung des Status quo gesehen werden – ob nun aus ökonomischen, politischen oder ökologischen Gründen.

Die Massenimpfung und der Wiedereintritt in ein kriegerisches Zeitalter sprechen dahingehend Bände und die ökologische Frage hat bereits einen breiten Eingang in den öffentlichen Diskurs gefunden. Schlussendlich kann noch die künstlich herbeigeführte sexuelle Desorientierung angeführt werden, die wir unserem Nachwuchs „angedeihen" lassen.

Die Jagd nach Hebammen mit dem Vorwurf der Hexerei (vorwiegend im 17. Jahrhundert) wird ersetzt durch die Verfolgung kritischer Ärzte und Richter, die es wagten Maskenbefreiungen auszustellen oder anzuerkennen. Zwar gab es keine öffentlichen Verbrennungen, aber so manche Approbation ging schon in Rauch auf und das letzte gerichtliche Urteil ist bis heute noch nicht gesprochen. Und das Konzept, *bestrafe einen, erziehe tausend* ist ebenfalls nicht gänzlich von der Hand zu weisen – auch heute noch.

Diese hier aufgeführten, gut wahrnehmbaren Phänomene haben (bei aufgebrachtem Interesse) einen Teil der Gesellschaft umdenken lassen. Mitbürger, die sich daraufhin fragten, ob sie denn allein im Familien-, Freundes- oder Kollegenkreis die Rolle des Schwarzen Schafes in der C-Krise mimten, suchten Anschluss und damit Menschen, welche die zuvor unvorstellbaren Eingriffe in die Gesellschaft

8

als wenigstens fragwürdig einstuften.[1] Diese Mitbürger bekamen nicht aus viralen, sondern aus politischen Gründen Angst und standen mit dieser zumeist allein dar. Mittlerweile ist innerhalb unserer Medienlandschaft der Weg vom Coronaleugner zum Putin-Versteher nicht weit und wehe dem, der den Staat *delegitimiert.*

Diese neuen Einflüsse im öffentlichen Diskurs und somit in unserer Gesellschaft ließen sich aber nicht alle Mitbürger gefallen. Und was machten die Menschen, wenn sie den Mut aufbrachten, sich während der Lockdowns nicht mit der eigenen Isolierung abzufinden und sich den thematischen Widersprüchen nicht verschlossen?

Einige demonstrierten, andere traten neuen Parteien bei oder gründeten Vereine wie *Eltern, Ärzte oder Studenten* „stehen auf". Kurz: Sie suchten und fanden sich.

Doch was machten diese teilweise verschreckten, teilweise wachen Mitbürger während sie anerkannten, dass sie sich zwar fanden, aber gemeinsam feststellten, dass sie nur Wenige waren? Sie gaben sich Aufgaben: „*Wir müssen die anderen aufwecken!!!*", so hieß es am Anfang. „*Auf dass wir mehr und irgendwann viele werden, sodass der Staat uns nicht mehr ignorieren kann*", so die Hoffnungen der ersten Stunde, die von Anfang an enttäuscht wurden, sich aber Dank der gerade entstandenen und medial zügig attackierten Bewegungen u.a. *Querdenken* noch lange hielten.

Entgegen dieser Hoffnungen entwickelte sich ein kritischer Teil als Netzwerke relativ schnell, doch der Zulauf ebbte spürbar spätestens mit den Lockerungen der Maßnahmen ab. Es war, offiziell und gefühlt, Anfang 2023 pandemisch vorbei. Seltsamerweise wurden im Winter, der wohl gesundheitlich anspruchsvollsten Zeit des Jahres

---

[1]Die Veränderungen der Todeszahlen und -arten finden „plötzlich und unerwartet" seit Impfbeginn nicht mehr den Weg in die Mainstream-Medien. Können Sie sich noch an die Flut an Statistiken und Prognosen in der C-Krise erinnern?

und zudem Grippesaison, fast alle C-Maßnahmen fallen gelassen. Vieles von der „Neuen Normalität" fühlte sich seither wieder recht vertraut an. Affenpocken kamen als Thema kurz auf, aber LONG-COVID blieb – wie auch eine kolossale weltweite Impfkampagne samt Folgen.

Die klare Trennung zwischen den Symptomen von LONG-COVID und den Nebenwirkungen der Impfstoffe dürfte von Anbeginn bis heute schwierig sein, nicht zuletzt weil heute wieder Krieg herrscht. Die Ukraine-Krise verdrängt das Problemvirus samt Varianten und samt der Folgen der Maßnahmen. Mal schauen, wie lange noch.

Soweit ein knapper einleitender Rückblick (aktueller Stand 2024 (Q2)).

Uns soll am bisherigen Geschehen anhand einiger Leitfragen Folgendes interessieren:

Wenn sich die Menschen in einer politisch brisanten Zeit suchen, welche Bedeutung hat diese Situation aus Sicht der Beteiligten und gleichsam aus der Sicht des Staates? Was heißt es, Gleichgesinnte gefunden zu haben? Ist man gemeinsam gleich ein Staatsfeind, wenn die geteilte Meinung darin besteht, mit dem staatlichen Vorgehen nicht einverstanden zu sein? Wie kann man sich verhalten, nach dem Demonstrieren, Petitionen, Parteiengründungen und die Anwendung gesunden Menschenverstandes entweder zu nichts führte oder gar bis heute zum Teil medial und anderweitig geahndet wird?

Wer hätte gedacht, dass man, um seinen politischen Unwillen zu zeigen, scheinbar allein das Spazierengehen (zu Beginn nur mit Polizeiaufgebot) einem noch bleibt? Noch heute! Kritische Themen werden totgeschwiegen, während sie unser aller Leben mitgestalten. Und: Wie lässt bzw. lassen sich die Spaltung(en) der Gesellschaft interpretieren?

Und weiter bei den Gleichgesinnten:

Was stellen die besorgten Mitmenschen, die sich fanden, aus organisatorischer Perspektive dar? Spricht man hier von einem Netzwerk, weil man die Kontaktdaten ausgetauscht hat oder man sich regelmäßig trifft? Was bedeutet die folgende Frage, die sich die Ansammlung von Gleichgesinnten stellt genau, die alle relevanten Aspekte zugleich auf die Spitze bringt?

Was können wir tun?

Dazu einige Erfahrungen und Gedanken meinerseits in diesem sowohl Erfahrungsbericht als auch Gedankenanstoß für all diejenigen, die sich in einer verlassenen Zeit zwischen Leugnern und Verstehern einander fanden – und sich hoffentlich auch in Zukunft noch finden werden.

Dieses Buch soll denjenigen Mitmenschen helfen, die sich in politisch problematischen Zeiten zusammensetzen und fragen: Wie kann es weitergehen und welche Bedeutung hat der Umstand, dass wir uns in Zeiten der Not gefunden haben?

Die weiterführenden Antworten verweisen automatisch auch auf Herausforderungen der Netzwerk- und Gruppenbildung. Hier soll angesetzt werden, denn was innerhalb einer politisch instabilen Phase (wie der C-Krise) gesellschaftlich geleistet werden kann, um sich gegenseitig zu stützen und dennoch die eigene Haltung nicht zu opfern, dafür gibt es keine Wissenschaft.

Auch Experten sind hier rar, denn derartige Vorkommnisse wie die letzten Eingriffe seitens des Staates ab 2020 sind für die meisten Mitbürger völlig unbekannt gewesen, wenn nicht gar bis heute kaum zu glauben.

Ein (rechtsradikaler) Schelm, wer hier was Böses denkt, so zumindest die Sichtweise der öffentlich-rechtlichen Medien und Politiker auf alle Mitbürger, die über kritische Fragen der Gegenwart Mut zu einer eigenen Haltung zeigen.

Schließlich sind wir teilweise auch dahingehend erzogen worden, in vielen Dingen differenziert und kritisch zu urteilen. *Dennoch scheint das Diktum der Unfehlbarkeit des Staates uns tief in den Knochen zu sitzen.* Säkularisiert, wie wir sind, schmunzeln wir über den Unfehlbarkeitsanspruch des Papstes oder Autoritäten fremder Religionen und folgen dennoch auf eine recht unmündige Weise dem Staat. Alles nur eine Frage der Komfortzone?

Die „pädagogischen Erfolge" des Staates erschweren die erfolgreiche Zusammenkunft von Menschen, die sich eine andere Zukunft vorstellen als die propagierte. Zuviel Angst und Unsicherheit prägen politisch motivierte Versammlungen und über alledem steht die nackte Unkenntnis, wie man sich denn alternativ organisieren könnte.

Selbst so manche selbst erlebte Diskussion darüber war häufig unfruchtbar, mal aus Hysterie gegenüber der aktuellen Situation, mal aus unreflektierten und häufig auch unausgesprochenen Erwartungshaltungen, mal aus rücksichtsloser Durchsetzung der eigenen Sichtweise oder Interessen oder einfach, weil man sich für diese Themen eigentlich nie wirklich interessiert hatte und das vorherige Desinteresse nun sehr häufig viel zu früh in eine lähmende und unlenkbare Angst umschlug.

Welche Hürden in den letzten Jahren persönlich wahrgenommen wurden, dies möchte ich hier gern (ohne wissenschaftlichen Anspruch, weder auf Ausdruck, thematische Tiefe oder Vollständigkeit) darlegen.

Wenn hier aus dem einen oder anderen wahrgenommenen Fehler gelernt werden kann, dann hat dieses Buch seinen Zweck erfüllt.

0.1. EINLEITUNG (ANLASS)

Das Buch möchte sich folgenden Aufgaben stellen:

- Die Einführung einiger weniger Leitbegriffe, ohne die eine sachliche Thematisierung von Gruppenentwicklung nur schwer vorstellbar ist.

- Das Anlegen einer Folie, welche allen Beteiligten idealiter Orientierung im Gruppenbildungsprozess bieten soll.

- Das Aufgreifen von typischen Problemen in Gruppenbildungsprozessen, welche insbesondere seit der C-Krise wahrgenommen wurden.

Die Frage nach politischem Engagement in einer Zeit der Krisen darf durchaus bewusster und fordernder gestellt werden, denn das Individuum wird, neben der Fähigkeit zum eigenen kritischen Denken, wenigstens im Hinblick auf seinen Mut gefordert werden. Mit einem geteilten Ziel vor Augen entwickelt sich überhaupt erst eine Gruppe erfolgreich. Dazu muss allerdings eine Einsicht in die Notwendigkeit bestehen, etwas aus der bisherigen Menschheitsgeschichte zu lernen. Dahingehend lautet ein didaktisches Motto: Die Gesellschaft muss lernen, sich selbst zu organisieren, damit das Individuum langfristig eine Chance der Entfaltung erfahren kann. Oder umgekehrt? Ohne Stabilität und Frieden werden wir dieses Ziel nicht erreichen.

Da hier wohl von ständig sich wiederholenden Parallelprozessen ausgegangen werden muss, so sollten wir uns gewahr werden, dass auf der Seiten der Einzelnen und der Gesellschaften zwar Herausforderungen bestehen, aber nicht ständig und gänzlich von vorn angegangen werden müssen. Und dennoch gilt:

„Es ist weit schwerer, sich von anderen nicht beherrschen zu lassen, als andere zu beherrschen."

La Rochefoucauld

0.2 Zur Nutzung des Buches

Ein derartiges Buch in der heutigen Zeit zu schreiben, fällt nicht leicht. Es ist politisch motiviert und beschreibt eine Position, die zu dem heutigen Konsens der politischen Landschaft – hier in diesem unseren schönen Lande und teilweise auch global – in krasser Opposition steht.

Der Umstand, dass zu (fast) jedem Thema (fast) jedwede Opposition als rechtslastig und zunehmend als bedrohlich eingestuft wird, zeigt die Einseitigkeit im politisch Großen und rückt sich vielen zur Kritik fähigen Mitmenschen bedrohlich ins Bewusstsein.

Wie aber kann im Kleinen über bedrohliche Umstände der gemeinsam geteilten Umwelt und die damit zusammenhängenden Ängste gesprochen oder eventuell gar gemeinsam gehandelt werden? Diese Fragen kamen aus eigener Erfahrung mehrfach in Netzwerken zur Sprache und der Umgang mit ihnen soll hier Thema sein.

Dabei gilt: Es geht hier nicht primär um die politische Sichtweise des Autors, sondern um gemachte Erfahrungen, Probleme und Anregungen „psychosozialer" Prozesse der Mitmenschen, die die geteilte Fähigkeit zur Kritik „Neuer Normalitäten" zusammengeführt hat.

Es geht um Netzwerk- und Gruppenbildungsprozesse in Zeiten gesellschaftlicher Not. Die politischen Begebenheiten werden hier lediglich als „Anlass" angeführt und illustrieren dem Zeitgeist entsprechend die Notwendigkeit einer politischen Auseinandersetzung der Gesellschaft mit ihrer eigenen aktuellen Situation.

Wenn man möglichst wenig akademisch, eher gesellschaftsnah diese Fragen beantworten möchte, wobei die möglichen Antworten das eigene Denken lediglich fördern sollen, dann bedient man sich selektiv unter praktischen Gesichtspunkten bestenfalls der selbstgemachten Erfahrungen und der eigenen Gedanken.

Für ein heterogenes Netzwerk in Anfängen werden wohl nur von einem Teil der Beteiligten vertretene spirituelle Einsichten und auch schwer verständliche wissenschaftliche Erkenntnisse kaum hilfreich sein. *Es wird stets eine allgemein vertretbare Anschauung notwendige Bedingung für eine erfolgreiche Gruppenentwicklung sein.*

Gegenüber der Wissenschaft möchte ich fünf gute Gründen nennen, warum man zur Zeit einer politischen Umwälzung innerhalb eines Gruppenbildungsprozesses eher auf den eigenen gesunden Menschenverstand vertrauen sollte.

Erstens gibt es, nach eigener Sichtung der Literaturlandschaft, nur wenige Beiträge, die sich in Bezug auf politisch motivierte Fragestellungen aus wissenschaftlicher Sichtweise letztendlich nicht als anrüchig erweisen.

Dies hier ist ein politisch motivierter Beitrag.

Umgekehrt: Viele hilfreiche Beiträge aus der Wissenschaft thematisieren nicht die Aspekte – zumindest in der bisherigen Geschichte des Abendlandes –, die die aktuellen politisch-gesellschaftlichen Umbrüche der jeweiligen Gegenwart adäquat mitberücksichtigen.

Zweitens finden größtenteils Aufarbeitungen politisch-gesellschaftlicher Umbrüche, wenn überhaupt[2], überwiegend durch Historiker statt. Doch diese helfen im Hinblick auf die aktuellen Angelegenheiten wohl kaum.

Drittens sind die Universitäten größtenteils Institutionen und wie alle Institutionen dem politischen Konsens unterworfen. Zu politisch-motivierten Fragen hinreichend evidente bzw. wissenschaftlich schlüssige Antworten zu erhalten, fiel nicht erst zur „Corona-Maßnahmen-Krise" erheblich lückenhaft aus. Sowohl der Nachweis der Gefähr-

---

[2]Diese Einschränkung berücksichtigt den Umstand, dass es wohl stets dem Sieger zukommt, die Geschichte zu schreiben.

lichkeit des Virus als auch die Unbedenklichkeit der Maßnahmen spricht Bände über die Rolle von Institutionen in Umbruchphasen. Gleiches gilt für die Kirche.

Viertens werden hier auch selbstgemachten Erfahrungen der jüngsten Vergangenheit verarbeitet und damit unter praktischen Gesichtspunkten gesammelt und interpretiert.

Wo externe Quellen sinnvolle Hilfestellung leisten, werden sie herangezogen und fachgerecht aufgeführt – aber nicht mehr. Hier wird kein Anschluss an eine Schule oder Denkrichtung explizit gesucht und somit auch kein wissenschaftlicher Anschluss.

Fünftens erscheinen teilweise eigene Unterscheidungen und Unterteilungen als didaktisch hilfreicher im Zusammenhang der hier aufgeführten situativen Darstellungen.

Vielleicht erscheinen dadurch manche subjektiven Sichtweisen und Rückschlüsse aus den selbstgemachten Erfahrungen als zugänglicher, anschaulicher, verständlicher und dem Zeitgeist näher als akademische Abhandlungen – so die Hoffnung des Autors.

Es sollen dennoch einige Termini geprägt und sachgerecht eingeführt werden, weil es in Gruppen zumeist u.a. an einem sinnvollen Vokabular und an einer konstruktiv-sachlichen Distanz mangelt.

Einige Vorabklärungen können hier gleich als Beispiele dienen. Um Missverständnisse zu vermeiden, werden hier gleich zu Beginn einige Punkte – hoffentlich hinreichend verständlich – klargestellt.

Die Ausdrücke *Netzwerk* und *Gruppe* werden hier getrennt und nicht synonym verwendet. Ein Netzwerk gilt hier als zunächst loses Zusammenfinden im Sinne der Kontaktherstellung und als Resultat einer themenorientierten Vernetzung sich bis zu diesem Zeitpunkt einander fremder Menschen.

16

Weiterführende und regelmäßige Kommunikation münden dann in einem stabilen Netzwerk.

Gruppen hingegen gehen einen Schritt weiter. Organisatorische Belange nehmen an Bedeutung zu und übersteigen die vorherigen Kommunikationsverhältnisse des Netzwerks. Neue Organisation setzt neue Kommunikationsformen voraus.

Solange wir lediglich über kommunikative Aspekte diskutieren, wird hier von einem Netzwerk gesprochen. Stehen im Gegensatz dazu Organisationsfragen, im Sinne des gemeinsamen Handelns, im Vordergrund, dann sprechen wir von einer Gruppe.

Auf die Frage, die in der Regel recht früh im Netzwerk gestellt wird, was man denn gemeinsam tun könne, antwortet erst die Gruppe erfolgreich.

Und: Sehr häufig blieb die Antwort aus, weil der Gruppenbildungsprozess betrüblicherweise erfolglos blieb.

Warum diese eigentümliche Unterscheidung eingeführt wird und weitere folgen werden, liegt auf der Hand: Ein wenigstens kleines Vokabular, welches wahrscheinlich nicht dem Alltag der Beteiligten entspringt, kann helfen, Missverständnisse zu vermeiden.

Die Definitionen sollen den Leser anregen, sich selbst einmal Gedanken über die angesprochenen Themen zu machen. Sicherlich lässt sich hier und da noch etwas verbessern. Der kritische Leser darf sich aufgefordert fühlen, eigene Gedanken diesem Ansatz zukommen zu lassen, ohne die dieses Vorhaben wahrscheinlich ohnehin nur wenig Sinn haben kann.

An wen ist eigentlich das Buch adressiert? Zunächst an alle kritischen Mitbürger, die davon überzeugt sind, dass sich in politisch fragwürdigen Zeiten gemeinsam mehr erreichen lässt – als allein.

Des Weiteren an diejenigen Mitmenschen, die auch schon selbst – teilweise enttäuschende – Erfahrungen innerhalb von Gruppenbildungsprozessen gesammelt haben.

Die Gegenüberstellung von Netzwerkern und Organisatoren und ihre sich zum Teil widersprechenden Rollen führten in einer Reihe von Netzwerken, die ich in den letzten drei Jahren kennenlernen durfte, wiederholt zu folgenschweren Kollisionen. Ihnen effektiv und möglichst früh entgegenzuwirken, scheint mir nur ein triftiger Grund für dieses Vorhaben zu sein.

So ist schlussendlich das hier vorliegende Vorhaben an alle Mitmenschen adressiert, die erkannt haben, dass Theorie und Praxis in Zeiten der Not Hand in Hand gehen müssen, um ein Gelingen sicherzustellen.

Los geht's!

Kapitel 1

Ausgangsüberlegungen

„Es ist schwieriger, eine vorgefasste Meinung zu zertrümmern als ein Atom.“

Albert Einstein

„Man soll nie vergessen, dass die Gesellschaft lieber unterhalten als unterrichtet sein will.“

Adolph Freiherr von Knigge

„Ein Mensch fühlt oft sich wie verwandelt, sobald man menschlich ihn behandelt.“

Eugen Roth

1.1 Ein Bild von Organisation finden

Wenn Menschen zusammenkommen und sich Gedanken über mögliche gemeinsame Vorhaben machen, dann hängt dieser Vorgang maßgeblich von zwei Faktoren ab. Erstens vom Anlass, der die Zusammenkunft notwendig hat erscheinen lassen, und zweitens von den Mentalitäten der Beteiligten.

Gehen wir zunächst vom Anlass aus und anerkennen, dass das noch im Nebel der Ungewissheit befindliche Vorhaben der Gruppenbildung durch den Anlass in gewisser Weise längst geprägt ist. Sicher, die Interpretationen hinsichtlich dieser Prägung dürften stark variieren, je nachdem welcher Standpunkt eingenommen wird.

Doch die Reichweite und die Struktur des Vorhabens leiten sich aus der bedrohlichen Problemstellung, die der Anlass bietet, ab. Wenn wir ein strukturelles Problem adäquat betrachten wollen, dann werden Lösungsvorschläge struktureller Natur die erste Wahl sein. Mag es auch Übergänge und Ausnahmen geben, die hier entgegnend angeführt werden können.

Lassen wir uns dennoch einen Augenblick auf diesen Gedanken ein. In einem der Statik nach unstabilen Gebäude fühlen wir uns intuitiv und gleichsam bewusst nicht wohl. Dies ändert sich, wenn die Statik uns grünes Licht gibt. Mag sein, dass das Gebäude mir dennoch nicht gefällt, doch die Bedrohung durch Einsturz ist (möglicherweise völlig) geschwunden. Grund für dieses Beispiel: Der bedrohliche Anlass für das ungute Gefühl und die Lösung sind durch die Statik verbunden. Bezeichnen wir die Statik einfach mit dem Ausdruck *Feld*.

Derartiger Felder sind wir uns im Alltag nur wenig bewusst. Und natürlich sind Felder klar begrenzt. Der Statiker kann über das Gefühl der Bedrohung in Bezug auf einen möglichen Einsturz eines

Gebäudes nur wenig sagen. Er kann lediglich einige selektive und in diesem Kontext relevante Aspekte bewerten, die die Statik betreffen. Ein Psychologe würde im Hinblick auf das Gefühl der Bedrohung beim Betroffenen nicht anders vorgehen. Die Wissenschaft und Profession gewähren lediglich Teileinblicke, aber wie nehmen wir als Individuen, als Subjekte unseres Lebens, die Ordnungsstruktur unserer größtenteils menschengemachten Umwelt wahr? Die erste Antwort ist relativ einfach: subjektiv. Aber wie gehen wir mit einer strukturellen Bedrohung intuitiv um, wenn wir keine Vorstellungen über strukturelle Formen von Organisation entwickelt haben? Keine Gesellschaft führt von sich aus Krieg; hat aber auch keine wirksamen Mechanismen entwickelt, entgegen des eigenen Überlebenswillens einer existenziellen Notsituation zu begegnen. Es existiert hier kein Feld. Ganz im Gegenteil: Die Möglichkeiten sich die notwendige Klarheit zu verschaffen, werden von den Seiten ad absurdum geführt, an denen wir noch kurz zuvor unsere vollständige Selbstverantwortung abtraten.

Hier kommen wir zum springenden Punkt, den ich für überaus problematisch halte: Die Gesellschaft wird organisiert. Sie ist es selbst aber nicht. Als Teile der Gesellschaft haben wir, Individuen, strukturell kein Bild von Organisation. Wir kennen Organisation von außen her (z.b. durch Institutionen, die wir besuchen mussten oder im Beruf) und stehen ihr im Grunde unmündig und ziemlich eingeschüchtert gegenüber. Selbst selbstbewusste Unternehmer richten sich nach einem Organisations- und Erfolgsbild, das allgemein anerkannt ist. *Wer aber kann in einem derartigen Gefüge überhaupt strukturelle Veränderungen vornehmen?* Eine sehr gute Frage. Sie sollte der Frage vorweggehen, wie wir Krisen und Kriege, die die Gesellschaft turnusmäßig heimsuchen, verhindern wollen.

Diese Frage stellt man aber auch nur, wenn man so gar nicht weiß, welche Funktionen Krisen und Kriegen erfüllen. So erscheinen den

Gesellschaften die unterschiedlichsten Formen der Umwälzung ein bedauerliches und unabwendbares Unglück zu sein. Doch nicht selten wurde *erstaunlicherweise* erfolgreich und *nachhaltig* die Situation herbeigeführt, dass unsere Gesellschaft sich nicht imstande sah, zeitnah und in einem demokratisch relevanten Maße selbst kritisch weiter nachzufragen. In welcher freiheitlich-demokratischen Gesellschaft wir doch leben und wie heroisch wir auf unsere Freiheiten verzichten, über deren hohen Werte wir ein ganzes Leben lang unterrichtet werden... bis zur Verteidigung derselben. Was habe ich verteidigt, wenn es mein Leben und das meiner Familie kosten kann?

Legen wir den nächsten Gang ein und seien einmal einen Funken ehrlicher zu uns selbst. In unserer doch recht weich indoktrinierten Gesellschaft werden wir uns (bereits aus der eigenen Komfortzone oder ständigen Angst heraus) nicht näher mit derartigen Themen beschäftigen. *Oh, welch' unerträgliche Schmach wir doch in weichen Kissen aussitzen müssen.* Irgendwo zwackt es schon ein wenig, weil wir wissen, dass unser Wohlstand durch Leichenberge ermöglicht wurde. In unserem Land in der Vergangenheit, durchgängig und aktuell wieder verstärkt woanders – und unsere Nation ist wieder mit dabei. Dieses unangenehme Zwacken der Verunsicherung ist zwar hier und da vorhanden und wird aus dem Augenwinkel wahrgenommen, aber im Allgemeinen werden politische Themen innerhalb der Gesellschaft immens erfolgreich „ausgesessen". Nicht sonderlich demokratisch.

Diesem größtenteils zunächst mentalen „Aussitzen" begegnet man am besten mit eigenen Reflexionen. Hier können tradierte Widersprüche zur Inspiration manchmal besser helfen als die aktuellen. Auch wenn wir kein Feld besitzen, auf dem ein autonomer Frieden beruht, so können wir anerkennen, was länger gilt als unsere Lebensspanne – unsere Art der Organisation.

Somit möchte ich mich gar nicht mit zeitgenössischen Positionen auseinandersetzen, zum einen weil die Komfortzone und überbordende Angst der Mitmenschen fast schon einem Abwehrschirm gleicht, wir zudem in einer überfluteten Informationsgesellschaft leben und einfach weil zu früheren Zeiten auch schon sehr intelligente Menschen lebten und ihre Gedanken zum Ausdruck brachten, die bis heute, mehr Wahrheit als gewünscht, enthalten.

Schauen wir doch ein wenig in Richtung der griechischen Antike – etwa 500 Jahre vor unserer Zeitrechnung. Es folgen fünf Zitate[1], über die der Leser gern nachdenken darf, bevor dieser seine eigene (allerdings zumeist fremdgeordnete) Weltsicht in Anschlag bringt.

1. *„Daraus ergibt sich, dass Gesetzgebung nötig ist im Hinblick auf die nach Abstammung und Macht Gleichen. Mit solchen [d.h. außergewöhnlichen Menschen] befasst sich das Gesetz nicht; denn sie sind selber Gesetz. Einer, der versuchen wollte, ihnen Gesetze aufzuerlegen, wäre lächerlich. Denn sie würden vielleicht sagen, was nach Antisthenes die Löwen sagten, als in der Versammlung [der Tiere] die Hasen das Wort ergriffen und verlangten, dass alle gleich viel besitzen sollten.“*[2]

2. *„Es ist unsinnig, dass man zwar das Unkraut vom Weizen sondert und im Krieg die Unfähigsten ausscheidet, aber in der Politik die Bösen nicht fortjagt.“*[3]

3. *„Der Krieg beseitigt die Armen. Ja, aber er schafft auch viele.“*[4]

---

[1] Die folgenden Zitate sind aus Luck, Georg (2002):*Die Weisheit der Hunde*, S. 46f..

[2] Aristot. pol. 3,13,1284a,11-17 = G. 68.

[3] Diog. Laert. 6,6 = G. 73.

[4] Stob. 4,9,10 = G. 74.

4. *„Wer andere fürchtet, ist ein Sklave, ohne es zu wissen.“*[5]

5. *„Der Staat geht zugrunde, wenn man die Bösen von den Guten nicht mehr unterscheiden kann.“*[6]

Nun, bevor man sich der zuvor gestellten Frage nähert, wer strukturelle Veränderungen durchführen kann, sollte man sich eingehend mit diesen fünf Zitaten[7] auseinandersetzen. Hierzu biete ich gerne einige Leitfragen:

Ad 1) Hat sich dieses Verhältnis bis heute wirklich verändert? Geht es heute nicht mehr um Privilegien und Besitz?

Ad 2) Warum hat man schon damals der Politik derart misstraut? Der Krieg hat die Funktion, *die Unfähigsten auszuscheiden?*

Ad 3) Scheint die erste Feststellung ein Allgemeinplatz zu sein und lediglich in ihrer Effektivität durch die zweite angezweifelt zu werden?

Ad 4) Fürchten wir noch jemanden oder nur noch etwas? Hinter diesem Etwas steckt (ganz sicher!) kein Jemand?

Ad 5) Doch heute: Wer ist wer? Sorry, dass ich hier eingreife, denn die Antwort liegt ja klar auf der Hand: Die Guten verbreiten die Wahrheit und die Bösen Fakenews. Klarer geht es doch gar nicht, oder?

Warum die Zitate und Fragen? Unser anerzogenes Dafürhalten in politischen und gesellschaftlichen Fragen ist leider im Hinblick auf

---

[5] Stob. 3,8,14 = G. 79.
[6] Diog. Laert. 6,5 = G. 71.
[7] Vermutlich sind diese wohl nicht die einzigen ihrer Art – geschweige denn nur aus dieser Zeit.

die Notwendigkeit und Umsetzbarkeit organisatorischer Vorhaben gänzlich ungeeignet.

Wer wirklich bisher an das offizielle Staatsbild innerhalb der Gesellschaft unhinterfragt geglaubt hat, dürfte mit diesen Zitaten seine liebe Mühe haben, wenn hinreichend berücksichtigt wird, wie sehr der Mensch doch an seinen Traditionen hängt.

Doch ohne Auseinandersetzung und Anerkennung unserer zivilisatorischen Herkunft dürfte *kein Staat (neu) zu machen sein,* wenn es denn das ist, was man anstrebt. Aber auch alle anderen Vorhaben werden sich, ohne hinreichende Anerkennung der Vergangenheit und der damit zusammenhängenden organisatorischen Traditionen, kaum umsetzen lassen.

Ein weiterer Punkt der Anerkennung: Die notwendige Arbeit muss von der Gesellschaft selbst geleistet werden und obliegt nicht einem Establishment. Auch wird kein Heiland (oder Staat) kommen und uns von dieser Aufgabe befreien, denn die Annahme dieser Aufgabe ist selbst ein Akt der Freiheit.

Dafür gibt es keinen Stellvertreter.

Wir werden getötet werden, wenn wir das Töten nicht beenden. Gerade, wenn das Töten global zunimmt.[8]

Ergo: Man kann sich nur selbst befreien und diese eigene Freiheit wahren lernen und dazu sollte man Folgendes beherzigen:

> *„Freiheiten werden nicht gegeben,*
> *sie werden genommen."*
> (Peter Kropotkin)

---

[8]Zurzeit fördern wir das aktuelle Szenario in der Ukraine mit unseren Steuergeldern und man weiß bereits jetzt, dass die nächste globale Pandemie schlimmer werden wird als die vorherige.

1.2 Mehrere Formen der Einigkeit

Der letzte Abschnitt sollte u.a. auch zeigen, wie weit wir (als Gesellschaft) von Selbstbestimmung entfernt sind, wie wenig wir mit derartigen Modellen anfangen können und wie verzweifelt wir hoffen, irgendjemand anderes käme zur Vernunft oder wäre niemals so verrückt, das durchzuführen, was dann eben doch folgt.

In unserer asymmetrischen Hierarchie haben die Opfer die Täter nie verhaftet, kein Sieger zeigte sich seiner Verbrechen selbst an und der wahre Gewinner wurde noch nie erfolgreich angezeigt. Dieser Teil der menschlichen Selbstorganisation ist bisher ehern geblieben.

Es scheint, als hätte die Geschichte den Meisten von uns nicht viel Einsicht gebracht. Desto schwerer wird es sein, schlussendlich über Organisation sprechen zu können, denn evidenterweise sind auch die menschengemachten Bedrohungen organisatorische Resultate. Nur nicht unsere – die der Gesellschaften. Mit anderen Worten: Wir sind die Frösche im Teich, der ausgetrocknet werden soll. Viel Abstraktion ist eigentlich nicht nötig für die Einsicht, dass die Gesellschaften auch ein Teil des Teiches sind.

Im Weiteren wird es um eine voraussetzungsvolle Form von Organisation gehen müssen: um Gruppenbildung. Jedes Vorhaben mehrerer Individuen setzt diese Bedingung notwendigerweise voraus. Wo sich dieser Prozess nicht erfolgreich vollzieht, dort wird es niemanden geben, der etwas auf die Beine stellt. Ganz einfach.

Die aufgeführten Erfahrungen, Ideen und Ansätze der Systematisierung werden so dargestellt, dass möglichst wenig Vorwissen seitens des Lesers notwendig ist. Wissen ist hier auch eher ein Nebenprodukt. Hier geht es weniger um wissenschaftlich materiale Erkenntnis als um Inspiration zur subjektiven Einsicht – die eigentliche und bestenfalls geteilte Währung in unserem Vorhaben der Gruppenbildung. Das hier vorgestellte Konzept soll helfen, die Bedingungen günstig zu wählen, um in einer Gruppe geteilte Vorstellungen auch möglichst *krisenfrei* umzusetzen. Selbst ein überaus mittelmäßiges Konzept kann, von den richtigen Mitmenschen angepackt, wahre Wunder wirken.

Frei nach dem Motto, *was hilft das beste Konzept, wenn die Menschen sich nicht einig sind*, soll die Bedeutung der Einigkeit näher betrachtet und mehr noch Kern der Betrachtung werden. Dazu gehören natürlich auch die Phänomene der Uneinigkeit, wie die aktuell von außen induzierten Spaltungen, aber auch egozentrische Ansprüche, die sich wie so oft ungünstig in zwischenmenschlichen Konstellationen auswirken. Aus einem Ideal charakterisieren wir die uns bekannten Störungen des Alltags – eine von vielen Methoden und somit weder für jeden Fall die beste, noch die einzige. Und fragen wir uns, was *die* Einigkeit eigentlich ist, dann kann festgestellt werden: Einigkeit ist nicht gleich Einigkeit. Ihre mannigfaltigen Formen verbinden sich für mich allerdings in einer Einsicht:

Jede Einigkeit beruht auf der
geteilten Einsicht in eine Notwendigkeit.

Eine subjektive Einsicht ist überaus bedeutsam, denn ohne sie gibt es keine geteilte Einsicht in eine Notwendigkeit und ohne die darauf aufbauende Einigkeit bewegt sich keine Gruppe irgendwo hin bzw. sie existiert nicht auf Dauer. Als Ausgangspunkt unserer Betrachtung verwenden wir die noch frische Situation der C-Krise, als viele Menschen Mut bewiesen, die Ausführungen der Politik ausführlicher als erwünscht zu hinterfragen und sich trafen, als es verboten war.

Eine Wiederholung dieser Situation mag im Hinblick beschworener neuer Normalitäten nicht unwahrscheinlich sein. Im Gegenzug müssen nicht unbedingt alle Fehler seitens der entstehenden Netzwerke andauernd wiederholt werden. Deswegen dieses Buch.

Die Mitmenschen, die in einem Lockdown sich erleichtert in den Armen lagen, weil sie nun die Gewissheit direkt spürten, mit ihrem Zweifel an der Vernunft der Gesellschaft nicht allein zu sein, hofften, dieses Gefühl der geteilten Wärme währe ewig. Der Wunsch erwuchs aus der als notwendig empfundenen Erleichterung von äußeren Drücken – und nicht zuletzt: die allgemein gefährliche Isolation, die von außen auferlegt wurde.

Doch bestenfalls wird sich die *erste* Einigkeit innerhalb des kritischen Teils der Gesellschaft über die Zeit wandeln und ihr anfänglich situationsabhängiger Charakter der Zusammenkünfte weicht längerfristigen und eigenständigen Perspektiven.

Dennoch ist zunächst diese erste Einigkeit immens wichtig für die weiteren Prozesse, wenn man z.B. die Einsicht in die Notwendigkeit weiterer (regelmäßiger) Treffen teilt. Dies ist die *zweite* Einigkeit:

Die Aufrechterhaltung der hinzugewonnenen Kontakte in Zeiten der Not.

Diese Not bezeichne ich als *Anlass*, *Grund* oder als *Referent*. Der Anlass stand ab Anfang 2020 im öffentlichen Raum oder schwebte wie ein Damoklesschwert über jedem von uns. Teile der Gesellschaft reagierten jeweils unterschiedlich auf die sich dauerhaft einrichtende *Neue Normalität*. Einige ignorierten insbesondere die politischen und medialen Phänomene gänzlich, einige diskutierten über Evidenz und Widersprüche, einige gingen auf die Barrikaden und andere meditierten verstärkt für den Weltfrieden – um lediglich doch recht oberflächlich vier Reaktionen zu benennen.

Eine Vielzahl von unterschiedlichst motivierten Spaltungen folgten, gerade weil wir verschiedene Mentalitäten und Lebenssituationen unser Eigen nennen. Und als das alles nichts half, begann eine fünfte Reaktion: *Die politisch-gesellschaftlichen Veränderungen werden als Anlass sachlich betrachtet.*

Der Anlass bleibt nicht als Gegenstand der Empörung, Depression, Harmonisierung oder Ignoranz abgestellt, sondern rückt in den Fokus einer sachlichen Betrachtung. Auf diesen überaus wichtigen Punkt werden wir mehrmals zurückkommen müssen.

Eigene Erfahrungen: Wie ging es in so manchem frischen Netzwerk weiter? Im Anschluss fanden Versammlungen, von der geteilten Einsicht getragen, die Umstände würden angesichts neuer ökonomischen, (geo)politischen (und gar ökologischen) Bestrebungen nicht besser werden (die dritte Einigkeit!), und begannen über den Umgang mit dem Anlass zu diskutieren. Der Anlass, zu Beginn eine verängstigende und hochemotionale Thematik, wurde zunehmend sachlich und die anfängliche Empörung wich – zumindest ein wenig. Die Anerkennung als gemeinsamer Prozess erhielt eine Chance und mündete in folgender Erkenntnis:

Ja, wir wurden und werden in vielen Dingen belogen. Diese Form der Staatsdelegitimierung, die für den Verfassungsschutz als Kategorie in letzter Zeit gehörig an Bedeutung gewonnen hat, geht allerdings nicht von der Gesellschaft aus. Auch oder gerade der Staat darf nicht lügen – sonst delegitimiert er sich selbst.[9] Somit ist fehlende Evidenz im öffentlichen Diskurs eine Verfehlung und Bringschuld des Staates, wie die fehlende adäquate Hinterfragung und Klassifizierung der Informationen ein Teil der Verfehlung der gesellschaftlichen Holschuld darstellt. Der Staat als Produzent von Fakenews ist schließlich nicht neu. Vorher nannte man diese in Kriegszeiten (also auch heute) Propaganda und in Friedenszeiten „public relations". Aber die C-Krise war von einer *totalen* Wahrheit umwoben, sodass eine bisher noch unbekannte Widerspruchsfreiheit als Teil einer „Neuen Normalität" erklärt wurde. Und ein derartiger Anspruch kennzeichnet einen freiheitlich-demokratischen Staat?

---

[9]Siehe das fünfte Zitat aus der griechischen Antike.

Tatsächlich entschuldigt die Verfehlung der einen Seite nicht die der anderen. Aber der Staat ist organisiert. Er ist ein Werkzeug, ein Konstrukt. Von „ihm, dem Staat" zu sprechen macht Sinn – von „der" Gesellschaft eben nicht. Die Verfehlungen auf Staatsebene vollziehen sich somit ebenfalls organisiert – dies kann für eine plurale Gesellschaft eben nicht gelten. So können wir von einem organisiertem Holocaust, aber kaum von einem „Tätervolk" sprechen.[10]

Diesen Umstand überhaupt anzuerkennen, überfordert aus verschiedensten Gründen einen Großteil der Gesellschaften weltweit. Selbst die Durchführung globaler Agenden wie z.b. 201, 2030, 2050 legen den Gedanken an eine globale Orchestrierung der Katastrophe(n) und über diese dann auch der Staaten den meisten Mitmenschen bedauerlicherweise nicht nahe. An die Souveränität der Staaten und des lokalen politischen Establishment wird allzu sehr geglaubt – ein tragischer und gesellschaftlich spaltender Umstand. Ein demokratisches Grundverständnis kann mit einem derartigen Glauben nicht in Einklang gebracht werden.

Die Herausforderung für die kritischen Anteile einer Gesellschaft liegt hingegen, nach der Anerkennung, in der Überwindung der Empörung. Empörung ist insbesondere emotional stark, aber leider aus der Sicht der Gesellschaft unkoordinierbar. Nur Eliten können mithilfe der Ausübung des Privilegs der Deutungshoheit über künstlich herbeigeführten Mangel und damit erzeugter Empörung Gesellschaf-

---

[10]Ich weiß, dies im deutschsprachigen Raum zur Disposition zu stellen, ist sehr anrüchig. Aber dieselbe Folie ließe sich auf alle menschengemachten und hochtödlichen Krisen anwenden, wenn wir davon ausgehen, dass es nicht „die" Gesellschaft ist, sondern eine kleine elitäre Clique von Mächtigen, die nicht erst ab und nur im 20. Jahrhundert die zunehmend globalen Katastrophen beschließen, sondern auch heute. Durch Bündnisse wie dem der NATO oder WHO verstärkt sich sogar der Eindruck, dass auf Staatsebene überhaupt keine im Sinne der Globalisierung strategischen Entscheidungen mehr gefällt werden – geschweige denn innerhalb der jeweiligen Gesellschaften auf demokratischen Wege.

ten gegen sich selbst aufbringen – und daraus Nutzen ziehen. Mit der erfolgreichen Anwendung des Prinzips „Teile und herrsche!" lassen sich selbst Kriege in der Gesellschaft durchsetzen. Die Geschichte des Menschen dürfte dazu genügend Beispiele liefern.

Revolutionen, alleinig aus der Empörung heraus begonnen, müssen als bloße Reaktionen größtenteils ungerichtet sein und stellen eher lediglich eine Ventilfunktion dar. Konstruktive Lernprozesse für die Zukunft dürften aus diesen teilweise gewaltsamen Eskalationen wohl kaum Resultat sein. Bedenkt man zudem, dass wir alle über Emotionen hochgradig manipulierbar sind, dann ist die Beste aller Möglichkeiten, die Frage nach dem Sinn oder Unsinn des aktuellen Status quo am ehesten als emotionslose Sachfrage zu interpretieren.

Die besagten kleinen Gruppen eines kritischen Teils der Gesellschaft anerkennen diesen Gedankengang – teilweise. Hier geht es nicht um Zustimmung oder Empörung – bestenfalls nicht mehr. Sondern um eine sachliche Registrierung der neuen Verhältnisse, denen man vorsorglich gleich von Staatsseite (und noch einmal) den einen Namen mit auf dem Weg gab: die *Neue Normalität*.

Die Anerkennung derselben liegt, wie gesagt, nicht im Arrangieren oder gar Akzeptieren der Verhältnisse, sondern im sozialen Überleben, ohne auf den bisher geteilten humanistischen Wertekanon verzichten zu müssen, und einem Entwicklungsanspruch in Händen haltend, der uns zwingt, unsere Eliten zu befragen, ob die Intensität und spätere Fülle der bisherigen und noch geplanten Katastrophen uns (die Menschheit) wirklich weiterbringen. Dies können freilich nur diejenigen (hinter)fragen, die kritisch waren und die Katastrophen überlebten, wenn sie denn schon nicht verhindert werden konnten.[11]

---

[11]Den letzten Satz von der Seite der Gesellschaft Lügen zu strafen, wäre doch sinnvoll, oder?

Es geht also ums Überleben? Ja, um was soll es bei Pandemie-, Mangel-, Ökologie-, Enteignungs- und Kriegsszenarien denn sonst gehen?

Es werden hier hypothetisch, aber auch programmatisch, drei Ebenen des Überlebens unterschieden:

1. das physische Überleben,

2. das Überleben einer unter günstigen Werteregelungen existenten Gesellschaft und damit das Überleben des (möglichst) autonom-denkenden Individuums,

3. die Möglichkeit der Entwicklung der Selbstorganisation als Überleben der Spezies Mensch.

Über diese drei Ebenen lässt sich reichlich diskutieren, von mir aus auch trefflich streiten, aber die Reihenfolge erscheint mir adäquat zu sein. Das physische Überleben ermöglicht die Entwicklung, und zwar die hier aufgeführte Wechselseitigkeit zwischen Individuum und Gesellschaft. Die Ressource Mensch wird aus ihrer eigenen Entfaltung der Potenzialität betrachtet und nicht aus äußeren tertiären Ansprüchen heraus. Die Hybris der Macht einiger weniger Mitmenschen und das daraus entwickelte Organisationsverständnis lähmt unsere evolutionäre Entwicklung – ebenso die Ohnmacht „der Masse" größtenteils nutzloser Menschen, wenn man den Globalisten und Transhumanisten unserer Zeit Glauben schenken möchte.

Sind wir uns einig darüber, dass es um uns, unsere Kinder und um unser aller Zukunft geht? Dann sind wir wieder am Anfang.

Es geht um die Einigkeit über die geteilten Einsichten:

1. Die Welt hat sich bedrohlich verändert.

2. Alleinsein ist nicht gut. Nur gemeinsam kommen wir weiter.

3. Es wird aller Voraussicht nach in Zukunft nicht besser werden. (siehe *Neue Normalität*)

Früher oder später wird die Frage gestellt werden, was man gemeinsam tun könne, und genau hier spielen eine Reihe von Vorbedingungen eine immense Rolle. Wagen wir einen zweiten Anlauf mit dieser Frage im Hinterkopf und nehmen trotz staatlicher Bürden eine positive Haltung gegenüber unserer eigenen Existenz ein.

1.3 Neugierig auf die eigene Zukunft

„Als ich vierzehn war, war mein Vater so unwissend. Ich konnte den alten Mann kaum in meiner Nähe ertragen. Aber mit einundzwanzig war ich verblüfft, wie viel er in sieben Jahren dazugelernt hatte.“

Mark Twain

Im bisherigen Verlauf meines Lebens habe ich öfters zurückgeschaut und stellte so manche Differenz zwischen meinem vergangenen und jetzigen Ich fest. Wer war man und wie wurde dieser jemand zu seiner aktuellen Version? Wer wird man im Verlauf der (zunächst erwartbaren) Veränderungen werden und welchen Sinn ergibt sich aus dieser Entwicklung für einen selbst?

Es ist offensichtlich, dass nicht allein die positiven Veränderungen uns offener für unsere Entwicklung werden lassen, sondern dass der richtige Wechsel zwischen positiven und negativen Aspekten unseren Lebenswillen und unsere Neugier schürt. Und bliebe diese Frage unserer eigenen Entwicklung bis zum Ende des Lebens aktuell, dann müsste es sich um ein glückliches Leben gehandelt haben. Wenn ich mir diese Einsicht zunutze machen möchte, dann besteht eine sinnvolle Möglichkeit darin, sich stets neugierig zu fragen, wer man zukünftig sein wird.

Vielleicht ist diese Frage aber auch ein Gradmesser, an dem sich erkennen lässt, wie abwechslungsarm und monoton das eigene Leben geworden ist. Wer nicht auf sein zukünftiges Ich gespannt sein kann, müsste sich fragen lassen: Was für eine Art Leben im Hinblick der eigenen Seinswerdung eigentlich bisher gelebt wurde?

Fest steht: Stillstand ist nicht natürlich. Routine hilft bei unserer Entfaltung nur begrenzt. So ungewohnt der Gedanke auch sein mag: Ein durch und durch geregeltes Familien- und Berufsleben scheint kaum in der Lage zu sein, das Leben der Eltern noch der Kinder hinreichend komplex zu bereichern. *Ein von außen begrenzter und einschränkender Alltag limitiert auch unser Vorstellungsvermögen.*

Wir werden zunehmend abhängig und dabei tragischerweise in einem höheren Maße selbstsicher zugleich. Teilaspekte dieses Phänomens einer psychologischen Barriere durch soziologisch forcierte Selbstentfremdung bezeichne ich hier gern als „Komfortzone". Allerdings im Hinblick auf die Möglichkeit unserer subjektiven Entfaltung der jeweils eigenen Potenzialität wäre der Ausdruck „Endstation" zutreffender.

Wir verlern(t)en, unsere Umwelt selbst zu hinterfragen. Von Kindheit an sind wir neugierig und diese Neugier schwindet mit der Zeit – schlimmstenfalls bereits in der Kindheit. Was ist dann aber von den Erwachsenen zu halten, deren Kindheit bereits all ihrer potenziellen Faszination für sich und ihrer Umwelt beraubt wurden? Welche Art von zukünftigen Eltern werden sie sein? Die Antwort darauf wirkt nicht wirklich erbaulich und auch nicht die folgende Einsicht:

Aufgeschlossenheit, eine ungetrübte subjektive Sichtweise, eine positive Lebenseinstellung sowie eine charakterliche Haltung sind u.a. Folgen einer ausgewogenen Individualentwicklung.

Und nicht zuletzt: Die Frage nach dem individuellen Lebenssinn wird nur durch das Individuum selbst erschlossen. Eine adäquate Antwort kommt dahingehend niemals von außen!

Und nur wer neugierig bleibt und seine Zukunft mit offenen Armen empfängt, kann in einem langfristigen Gruppenbildungsprozess schadlos wirklich für sich glücklich werden und zugleich anderen Glück spenden. Und wer akzeptiert, dass die eigene Entwicklung bestenfalls ungewiss ist, versteht auch, dass Gruppen logischerweise ebenfalls diesem Gesetz unterworfen sein müssen. So sollte zum Beispiel die Neugier stets die Erwartung(en) ersetzen, denn nur das Zweite kann *ent-täuscht* werden und zum Vorwurf führen. Somit überträgt sich die Frage vom Individuum auf die Gruppe:

„Wer werden wir sein?“

Beherzigen Sie diesen Aspekt, dann darf eine politisch motivierte Gruppe heterogen sein und Sie kommen selbst mit Komplementärcharakteren zurecht. Zunächst, solange ein Anlass und die bereits erwähnten drei Einsichten alle Beteiligten dazu disziplinieren.

1.4 Heterogenität der Gruppen

Mit der Heterogenität kommt eine maßgebliche Herausforderung im Prozess der Gruppenbildung ins Spiel, die leider oftmals als unüberwindliche Hürde wahrgenommen wird und es wurde häufig zu einer Frage der Zeit, wann dieser Aspekt die Gruppen gänzlich auseinandertreiben würde.

Mit Heterogenität sind die charakterlichen und biografischen Verschiedenheiten der Mitglieder gemeint, die im Laufe der Gruppenbildung verstärkt zutage treten. Zu Beginn der Vernetzung sind Menschen, wie bereits angedeutet, aufgrund oberflächlicher (hier politischer) Übereinstimmungen einander zugetan. Die Bedeutung des äußeren Anlasses bestimmt Intensität und Dauer maßgeblich mit, bevor biografische Aspekte der Teilnehmer in den Fokus des Diskurses geraten.

Oftmals neigen wir dazu, andere Menschen nach subjektiven Schemata auszusortieren. Mitmenschen, die uns besonders viel Kraft und Energie kosten, sind uns auf Dauer unangenehm. Ähnliche Sichtweisen verbinden Menschen in einem beschleunigten Maße und wir wählen bevorzugt energiesparend andere Partner zwecks gemeinsamen Zeitvertreibs, mit denen wir uns zügig identifizieren können. Thematische Übereinstimmungen wie Hobbies (z.b. Tanzen), gemeinsame Zielverfolgungen (z.b. eine Firmengründung) oder politische Gründe (z.b. eine Krise) können unterschiedlichste Menschen zusammenführen. Doch die geteilten Gesinnungen teilen in den Beispielen bereits unterschiedliche Reichweiten.

Während eines Salsa-Anfängerkurses kann man einen ersten Überblick über die Vornamen aller Teilnehmer erhalten. Weitere Übereinstimmungen zusätzlich zur geteilten Vorliebe zeigen sich mit der Zeit. Anders sieht es aus, wenn Geschäftspartner ein gemeinsames Vorhaben ins Leben rufen. Nicht zuletzt die formellen Qualifikationen, gefundenen persönlichen Übereinstimmungen während des vorherigen Beschnupperns und natürlich ein Konsens im Hinblick auf die Zielsetzungen spielen bereits zu Beginn einer Geschäftsbeziehung eine zentrale Rolle. *Die Natur des gemeinsamen Vorhabens definiert die Kriterien der Geeignetheit der Beteiligten.* Trivial.

Doch im letzten Beispiel drehen sich diese Verhältnisse um. In einer gesellschaftlichen Notsituation kommen Menschen jenseits ihrer Vorstellungen über Freizeitgestaltung und traditionell ökonomisches Erfolgsstreben zusammen – bestenfalls.

Die Not diszipliniert und zunächst sitzen Menschen in einem Raum, die sich ohne eines krisenhaften Umstandes wohl nie begegnet wären.

Mit der Zeit tritt innerhalb des Gruppenbildungsprozesses genau dieser Umstand erwartbar mit Wucht in den Vordergrund.

Bis dahin sollten Möglichkeiten aus der geteilten Wahrnehmung der Teilnehmer bezüglich der aktuellen Krise geschöpft werden. Die geteilte Wahrnehmung des Politischen und die daraus resultierende Sorge beschleunigt die Kommunikation der Beteiligten während der Gruppenbildung von Anfang an, doch diese äußere Übereinstimmung wird über die Zeit mit den zutage tretenden Differenzen der beteiligten Biografien weichen.

Der neuerworbene solidarische Gedanke, man müsse in höchster Not zusammenhalten, verblasst, wenn die Bedrohung nicht ständig die Beteiligten fordert und diszipliniert. Mit dem Ausbleiben eines äußeren Drucks tritt unsere Komfortzone nach vorn und wir wählen nach persönlichen Präferenzen der Kommunikation unsere Favoriten unter den Teilnehmern aus. Dieser intersubjektive Prozess fördert die Fragmentierung der Gruppe (dazu später mehr).

Die Frage nach der gemeinsamen Zielverfolgung wird in einer heterogenen Gruppe immens erschwert. Nicht selten führen letztendlich biografische Unstimmigkeiten in der Wahrnehmung der Bedrohungen, wie die dahingehend aufgebrachte Kommunikationsleistung und schlussendlich die Sinngebung des potenziell gemeinsamen Handelns zu nachhaltigen Grenzen der Gruppenbildung.

Nicht abstrakte Vereinbarungen, sondern ihre konkrete Umsetzung werden zum Problem. Die Frage der Rollenzuordnungen erweist sich als zunehmend problematisch. Es klingt seltsam, aber: Dem gemeinsamen Handeln fehlt es an einer gemeinsam geteilten Einsicht in die Notwendigkeit des gemeinsamen Handelns.

Die Komfortzonen der beteiligten Gruppenmitglieder wehren sich, wenn der Anlass nicht das alltägliche Selbstverständnis zu relativieren vermag. Dann siegt die Heterogenität der Gruppenmitglieder über den homogenisierenden Konsens gegenüber dem ursprünglichen Anlass, denn der Mensch neigt, wie gesagt, zunächst zu Seinesgleichen – und dies in der Regel aus Gewohnheit.

1.5 Komplementärcharaktere

Aber was soll man machen, wenn einem zwar das Projekt und im Allgemeinen die Gruppenkonstellation gefällt, aber zwei, drei Gruppenmitglieder *partout* nicht mit dem eigenen Menschen- und Weltbild zusammenpassen wollen. Mit derartigen Menschen über längere Zeit einen Raum zu teilen, erfordert immens viel Kraft – Notlage hin, Notlage her.

Nicht wenige Gruppenzerfallsprozesse werden durch ein gewisses Fehlen einer stimmigen „Chemie" und Methoden des Ausgleichs eingeleitet. Die Menschen, die am ehesten den eigenen Vorstellungen widersprechen und uns größtmöglich an unsere Toleranzgrenzen bringen, werden hier als „Komplementärcharaktere" bezeichnet. Nicht selten sind diese Charaktere dem eigenen sehr ähnlich.

Doch bedenken Sie, dass wir im friedlichen Alltag dazu neigen, energiesparend Gleichgesinnte zu suchen. Identitätstiftende Begegnungen stabilisieren unser Menschen- und Weltbild. Stabilisierung kann aber auch bedeuten, dass wir nur wenig dazulernen. Tatsächlich sind wir gefordert, auch unsere Ansichten zu relativieren, wenn wir auf Andersdenkende treffen.

Doch: In einer Zeit, in der Andersdenkende verfolgt werden, sollte dieser bedrohte Teil der Gesellschaft sich untereinander nicht willkommener sein? Bis dahin sprechen wir im Zuge einer Gruppenbildung von einer weiten Strecke, die es gilt, hinter sich zulassen.

Doch erinnern wir an das Motiv der Neugier auf die eigene Zukunft zurück. *Wer werde ich in, sagen wir einmal, drei Jahren sein? Hängt die Antwort nicht auch von den Menschen ab, denen ich währenddessen begegnen werde?* Durchaus.

Die Neugier auf die eigene Zukunft dürfte zusätzlich gefördert werden, wenn wir nicht wissen, wem wir begegnen werden. Die Anerkennung der Anderen als Fremde, als bisher unbekanntes Potenzial der eigenen Selbstentdeckung sollte eigentlich als ein Gut unserer individuellen und gleichsam gesellschaftlichen Entwicklung angesehen werden.

Wenn doch nur unsere Ängste, Komfortzone und die besagten unangenehmen Komplementärcharaktere nicht wären... Welch' Ärgernis!

Doch gleichzeitig stellt die Vermischung von unterschiedlichsten Typen von Charakteren die ergänzende und eigentlich entwicklungsfördernde Bereicherung in unserem Leben dar.

Sollten wir uns auf diese Begegnungen einlassen, dann bitte nicht vergessen: Zwar tut es in einem Sturm zunächst jeder Hafen, doch eine kurzfristig geteilte Einsicht in die Notwendigkeit ersetzt nicht den Sinn gemeinsamen Handelns, ob sich nun unsympathische Zeitgenossen in der Gruppe befinden oder nicht.

Wir lernen also mit erhöhtem Energieaufwand, wenn Komplementärcharaktere vorhanden sind und gleichzeitig wird mit der dadurch ansteigenden Heterogenität das Spektrum der Handlungsmöglichkeiten der Gruppe gesteigert. Was eine heterogene und gleichzeitig stabile Gruppe machen wird, ist wohl kaum berechenbar.

Stellen Sie sich hingegen eine homogene Gruppe ausschließlich aus Unternehmern vor, die sich alle einig sind, worin das gemeinsame Handeln münden soll. Ohne große Mühe lässt sich das Resultat schnell erraten: sie gründen (Überraschung!) ein Unternehmen. Ob nun diese spezielle Lösung zielführend ist oder gut ausgeht, lassen wir einmal dahingestellt. Aber an alternativen Sichtweisen wird es höchstwahrscheinlich mangeln.

Bitte beachten Sie: Zwar sind heterogene Gruppen problematischer, energieaufwendiger und anfälliger gegenüber äußeren und inneren Störungen. Doch sie sind in jedem Fall unberechenbarer, vielschichtiger und erfolgversprechender als homogene Gruppen. Hinzu kommt: Heterogene Gruppen sind der Normalfall!

Wenn wir die alte Welt hinter uns lassen wollen, dann dürften wohl kaum Gruppen, die sich insbesondere durch konventionelle Weltbildstabilisierung auszeichnen, geeignet sein. Woher soll das Neue kommen, wenn nicht ein größtmöglicher Lernprozess und Erlangung an Einsicht vorausgeht?

Wie wollen wir die Welt korrigieren, wenn wir uns lediglich inhaltlich passiv und reaktionär zeigen, aber nicht Alternativen ersinnen?

Jede Alternative muss angesichts der Probleme unserer Zeit zunächst gefunden, geprüft und dann für gut befunden werden. Dann steht uns der überaus schwierige Prozess der Implementierung bevor, der in der Historie auf die wenig ersprießliche, aber hochgradig tödliche Austragung eines Interessenkonfliktes hinauslaufen kann.

Dieses Motiv hält viele kritische Mitmenschen davon ab, sich selbst einmal Gedanken über allgemeine Belange zu machen. Wäre der Mensch nur einen kleinen Vernunftschritt weiter, dann würde die Herkunft einer guten Idee keine Rolle mehr spielen und gute Ideen sind Brücken zwischen dem Möglichen und Wirklichen. Über gute Ideen können wir alle Einfluss nehmen. Über sie lernen wir ebenfalls etwas über die Qualität von Ideen, vor dem Hintergrund, welches Problem wirklich mit ihnen gelöst werden soll (Stichwort: Zwangsimpfung).

Diese Aufgabe obliegt uns. Die Nutznießer des aktuellen Status quo werden diese Funktion wohl kaum allein erfüllen können. Warum auch? Vielleicht sollten sich allgemein die Mitglieder im Gruppenbildungsprozess bezogen auf ihre selbst gestellten Aufgaben für wichtiger nehmen, als die jeweiligen Individuen im eigenen Alltag sich selbst erleben. Fällen wir denn nicht in der Gruppe Entscheidungen, die uns und unsere Familien stützen, beschützen und uns Optionen in Zeiten der Not bieten sollen? Nein? Warum treffen wir uns dann?

„Wenn eine verzweifelte Situation ein besonderes Können erfordert, dann bringt man dieses Können auch auf, obwohl man vorher keine Ahnung davon hatte."

Napoleon Bonaparte

Das Motiv der notwendigen Kraft zur Veränderung in Zeiten der Not wird gern auch von unserem Establishment verwendet. Sympathisch scheint die Einsicht Napoleons in unserem Kontext nicht wirklich zu sein. Aber es kommt eben unbedingt darauf an, wer diese Einsicht äußert. Die Entscheidungs- oder die Konsequenzträger. Die Täter oder die Opfer. Beide verstehen dieses Zitat naturgemäß völlig verschieden.

Doch es fällt schwer zu glauben, aus unserem möglicherweise überwiegend monotonen und fremdgesteuerten Alltag erwachsen neuartige Lösungen, die unseren Nachkommen von Nutzen sein könnten, ohne etwas Neues hervortreten zu lassen. Der hier hoffnungsvollste angenommene Augenblick liegt im Gruppenbildungsprozess neugieriger und zur Kritik fähiger Individuen.

Kapitel 2

Einige Ideen für Netzwerke

2.1   Die Rolle der Sprache

Was immer auch die Zukunft uns abverlangen mag und einzelne Menschen sich zu einem „Wir" zusammenschließen lässt, es wird sich stets auch auf unsere Sprache auswirken.

Wenn wir lernen, lernt unsere Sprache mit.

Diese Einsicht gilt als Ausgangspunkt für den Ansatz. Wie lässt sich das, was uns als Not zusammengeführt hat und wir zu lösen versucht sind, sprachlich einfangen? Es ist nicht schwer einzusehen, dass dieser Aspekt für unsere persönliche wie auch für die politische Entwicklung immens wichtig ist. Wir müssen dies tun, wie sollen wir sonst über Ereignisse und Ansichten möglichst adäquat sprechen?

Das erstmalige Erkennen z.B. einer Bedrohung ist eine Interpretationsleistung, die zunächst von Individuen durchgeführt wird. Eine durch eine erfolgreiche Interpretation erkannte Bedrohung und damit zusammenhängende gefühlte Ohnmacht führt zur Suche nach

43

„Gleichgesinnten". Wie entlastend wir es doch empfinden, wenn Bedrohung und Ohnmacht nicht nur von einem selbst, sondern auch von anderen wahrgenommen werden. Der gemeinsam wahrgenommene Gegenstand wird klarer und plastischer, wenn über ihn gesprochen wird. Wir sind gemeinsam einer Sache dann auf der Spur, wenn wir uns darum bemühen, sie in Worte zu fassen.

Dazu müssen wir allerdings auch dazulernen. Sollte etwas Neues unseren Alltag prägen, dann geht dies auch stets mit einer Einführung von begrifflichem Rüstzeug einher. Der Staat bettete dahingehend in der C-Krise erfolgreich Ausdrücke wie Pandemie, Lockdown, Long-Covid, Inzidenz, Allgemeinwohl, Hausrecht, Fakenews, Schwurbler, usw. in den öffentlichen Diskurs ein.

Mit Begriffsprägungen lassen sich nun einmal recht effektiv u.a. eine „Neue Normalität" suggerieren. Ob wir dies nun wollten oder nicht, wir lernten diese Begriffe. Sie wurden uns aufgezwungen.

Hingegen freiwillig können wir lernen, begrifflich mit dem umzugehen, was wir den äußeren Zwängen entgegensetzen wollen. Dazu müssen wir uns natürlich darauf verständigen, dass unsere bisherige Alltagssprache nur unvollständig den neuen Anforderungen gerecht werden kann.

Neue Erfordernisse ziehen eine sprachliche Anpassung nach sich – der Staat weiß das und bedient sich dieses Hilfsmittels ohne Scheu. Es wird Zeit, dass auch der kritische Teil der Gesellschaft sich dahingehend bereit erklärt, sich in der Verwendung sprachlicher Werkzeuge zu üben.

In diesem Ansatz gibt es zwei Schlüsselbegriffe:

1. Diskurs

2. Konsens

Es sind sehr abstrakte Begriffe und daran hängen auch weitere (ebenfalls wenig alltagstaugliche) Ausdrücke. Um den Alltag zu managen, sind diese Termini aber gar nicht vorgesehen. Andere Ausdrücke wie Bevölkerungswachstum, Geopolitik und menschliche Selbstorganisation sind ebenfalls sehr abstrakt, allerdings hängen an diesen Begrifflichkeiten die meisten unserer Schicksale und die unserer Kinder. Im wahrsten Sinne des Wortes entscheidet man mit ihnen über unsere Köpfe (hinweg).

Diese Begriffe sollen dazu dienen, in Reflexion und Kommunikation einem höheren Abstraktionsgrad zu veranschlagen, um zu ermöglichen, oftmals lediglich oberflächliche Widersprüche aufzulösen.

Ein Beispiel: Fünf Freunde sitzen eines Abends an einem Tisch und diskutieren hitzig – ein Streit bahnt sich an. Der erste möchte seinen Willen durchsetzen, der zweite seinen Bedürfnissen gerecht werden, der dritte sein Gesicht nicht verlieren und der vierte bei alledem nicht zu kurz kommen. Der fünfte allerdings stellt sich die Fragen, ob in diesem Zustand des Diskurses ein Konsens überhaupt möglich sein kann und welche Bedingungen erfüllt werden müssen, damit die langjährigen Freundschaften an diesen Abend nicht für immer auseinandergehen.

Der letzte Diskutant sieht die einzelnen Standpunkte sachlicher, wenn er sie als Teil eines Rahmenbezuges abstrahiert und dieser Rahmen wird hier mit dem Ausdruck *Diskurs* bezeichnet.

Die biografisch geprägte Sichtweise des fünften Freundes ebnete ihm den Weg zu der Einsicht, dass ein stabiler Diskurs und ein Konsens immer Hand in Hand gehen.

Ein stabiler Diskurs ermöglicht einen Konsens (hier kurz: Übereinkunft oder Einigkeit) und ein gefundener Konsens stabilisiert wiederum den Diskurs. Sollten alle Beteiligten auf ihren Standpunkten beharren und sich nicht auf etwas übergeordnet Verbindliches einigen, dann kennen wir alle den Ausgang der Diskussion. Wir waren schließlich alle schon einmal in einer derartigen Situation. Und wir wissen, dass bereits in der Familie, wie auch im Freundeskreis und am Arbeitsplatz sich oftmals unschöne Diskussionsverläufe ereignen können und daraufhin fatale Konsequenzen den Diskurs regelrecht zerstören können.

Doch welche Herausforderung wird es sein, wenn aus politisch-gesellschaftlichen Gründen wildfremde und grundverschiedene Menschen sich einander gegenübersitzen und sich fragen, was in Zukunft gemeinsam zu tun ist? Merken Sie, wie voraussetzungsvoll eine gelingende Gruppenbildung unter diesen Umständen sein muss? Anders als in Ehe, Freundschaft und Kollegialität stellt die Auflösung eines Diskurses gegenüber dem politischen Anlass eine neue Form von bis zu existentiellen Nachteilen dar. Das Gefühl der Ohnmacht kehrt zurück, wenn man wieder allein ist. Enttäuscht von einer Gruppenentwicklung kann die Motivation, sich überhaupt noch mit anderen zusammenzuschließen, verloren gehen.

Wenn wir nicht einigermaßen reflektiert, geordnet und persönlich abgeklärt in einen derartigen Diskurs einsteigen, dann sind die Erfolgsaussichten für eine erfolgreiche Gruppenentwicklung bereits auf der biografischen Motivations- und Kommunikationsebene eher gering. Der Umstand, dass an einer derartigen Situation nun nicht fünf Freunde, sondern möglicherweise fünfzig Fremde beteiligt sind, belastet evidenterweise den Diskurs zusätzlich. Wenn auch nicht unbedingt sofort: Solange die prästabile Harmonie unter Gleichgesinnten (z.B. in einer Lockdownphase) gilt und die Sensation der Kennlernphase noch nicht abgeschlossen ist, scheint über dem Diskurs noch die Sonne.

Aber irgendwann geht es um die Sache und bis dahin haben bestenfalls alle Beteiligten, dem fünften Freund gleich, bestmöglich den Diskurs genau vor Augen, denn von der Stabilität des Diskurses hängt alles ab. Sie sinkt stets zuerst und mit ihr die Möglichkeiten des gemeinsamen Handelns. Sie zu wahren, ist die Aufgabe aller – nicht einiger.

Durch die strukturierte Ansicht und eine stets vorhandene konstruktive Distanz zur Situation erhält der fünfte Freund mit seiner Sicht auf den Diskurs mehrere Möglichkeiten im Umgang mit den kritischen Szenen, die den emotional involvierten Freunden verwehrt bleiben.

Eine davon hätte auch sein können, überraschend selbst mit der Faust und Wucht authentisch auf den Tisch zu hauen und damit den Diskurs von einer ungewollten Eskalation abzubringen. Kurzfristig kann die im Raum entstandene Verblüffung dazu dienen, mit ruhiger Stimme die erregten Freunde direkt anzusprechen und den Diskurs in konstruktivere Bahnen zu lenken.

2.2 Der Diskurs als Raum

Was ist ein Diskurs? Wie kann ich mir einen Diskurs vorstellen?

Sicherlich macht es vor dem Hintergrund des Ansinnens dieses Vorhabens nur wenig Sinn, einen überaus theoretisch-wissenschaftlichen Diskursbegriff zu definieren und zu verwenden. Lassen Sie uns den Begriff so anschaulich wie möglich klären und ihn anhand einer Reihe von Beispielen umschreiben.

Wenn Menschen zusammentreffen und sich gegenseitig wahrnehmen, so entsteht bereits ein Diskurs. Wir werden in Diskurse hineingeboren. Neben Sprache gehört jede Form der Kommunikation wie Mimik und Gestik zu einem Diskurs, wie auch die thematische Ausrichtung. So gibt es öffentliche, wissenschaftliche oder politische Diskurse und viele andere. Wenn ich mit einem Menschen eine Beziehung jedweder Form aufbaue, so entsteht ein Diskurs, an dem mein Gegenüber und ich partizipieren. Jede Freundschaft, jede Romanze und jedes Arbeitsverhältnis stellt einen eigenen Diskurs dar, aber auch das gesamte Kollegium einer Firma oder Institution hat ihren Diskurs, der die Belegschaft umfasst. Eine Glaubensrichtung wie auch jede Ideologie eröffnet einen Diskurs. Eine Gesellschaft oder eine Weltbevölkerung hat ihren Diskurs. Kulturen haben jeweils ihren Diskurs. In einer Region können unterschiedliche Kulturen leben, somit haben wir auch einen regionalen Diskurs, wie z.b. einen europäischen, einen westlichen, einen abendländischen Diskurs. Ein Staat hat seinen eigenen Diskurs. Es gibt einen globalen Diskurs und Klassendiskurse innerhalb einer Gesellschaft.[1]

Diskurse sind auch geteilte Wertesphären. Durch Diskurse wird unsere Kommunikation vorstrukturiert. Wir sind vielleicht zufällig, aber niemals grundlos in einen Diskurs involviert. Durch unsere Entscheidungen können wir, zumindest teilweise, regeln, welchen Diskursen wir uns anschließen und welchen nicht. Wir organisieren als Individuen unsere „innere" Seite mit der äußeren Diskurslandschaft. Wir bringen in Diskursen unsere Kompetenzen und Kapazitäten ein. Dazu gehören unsere Fähigkeiten und Fertigkeiten zur Reflexion, Abstraktion, Empathie, Authentizität, Rhetorik, Charisma usw. Und auch unsere Anlagen wie Ungeduld, Ungerechtigkeitsempfinden, Langeweile, Schmerzen, Emotionen usf. gehen direkt in die Diskurse ein. Unsere inneren Zustände sind, kurz gesagt, Teil der Diskurse. Spezielle Diskurse zwischen dualen Gegensätzen existieren zwischen Frauen und Männern, Tätern und Opfern, Lehrern und Schülern, Eltern und ihren Kindern usw. Wenn Menschen sich trennen und die Kommunikation gänzlich einstellen, dann ruht der Diskurs oder löst sich gänzlich auf, wenn es zu keiner Wiederaufnahme der Korrespondenz kommt. Unsere Erinnerungen gehen in die aktuellen Diskurse ein.

---

[1]Da gibt es eine schöne Einsicht, die insbesondere Diskursgrenzen aufzeigt: *„Kein Reicher ist so reich, wie sich ein Armer Reichtum vorstellt."*

2.2. DER DISKURS ALS RAUM

Innerhalb der Diskurse werden Standpunkte, Perspektiven, Motivationen, Interessen vertreten sowie u.a Argumente und Emotionen ausgetauscht. Selbst ein Kriegsschauplatz stellt mit den Regeln des Tötens und Überlebens einen leider sehr klar definierten Diskurs dar.

Doch einem Diskurs entgeht kein Mensch – dem Diskurs unseres eigenen Bewusstseins, in dem Menschen ihre Spuren hinterlassen können und anhand von Erinnerungen anderer weiterhin mitwirken, auch nachdem sie längst alle weltlichen Diskurse hinter sich gelassen haben.

Wir sind also Zeit unseres Lebens damit beschäftigt, uns anhand der Diskurse, in denen wir uns befinden, bestenfalls mit anderen zu organisieren. Trivial.

Und genau jene fiktiven Räume der Wahrnehmung, Kommunikation und Handlungen, in denen wir (wie selbstverständlich) von der Wiege bis zur Bahre uns bewegen, nennen wir ab jetzt *Diskurse*.

So weit, so klar?

Nun, wenn wir uns an den Diskursbegriff ein wenig gewöhnt haben, dann können wir ihn ja auch gleich charakterisieren. Und hier werde ich mich gleich ungemein uninspiriert zeigen, denn tatsächlich gibt es nur eine Eigenschaft im Hinblick auf den Diskurs, die für unseren Ansatz schlussendlich bedeutend ist.

Sie ist mit dem Ausdruck *Stabilität*, für mich, sehr treffend bezeichnet. Warum? Weil ein stabiler Diskurs eine Grundvoraussetzung für jedwede anhaltende Gemeinschaftlichkeit zwischen Menschen ist. Niemand fühlt sich in instabilen Diskursen wohl.[2] Keiner plant, wenn nicht zuvor Stabilität hinreichend erwiesen ist. Wer kommt

---

[2] Außer aus Risikofreude vielleicht. Könnte man nicht auch von der Statik eines Diskurses sprechen?

schon auf den Gedanken, ein Haus auf Sand zu bauen? Niemand vertraut in einem instabilen Diskurs. Fehlen uns stabile Diskurse dauerhaft, so sind wir wahrlich einsam, allein und verloren, denn auch unsere psychologische Entwicklung setzt stabile Diskurse voraus. Haben wir dahingehend Defizite, dann fällt uns die Teilhabe an Diskursen nicht leicht. Nur in stabilen Diskursen können wir diese Rückstände wieder aufarbeiten.

Auch wenn es andere Vorstellungen geben sollte, wie ein Diskurs zu sein hat, wie liebevoll, harmonisch, respektvoll, mitfühlend, fürsorglich etc., so bleibe ich bei der Stabilität, die gegenüber jeder anderen zugeschriebenen Eigenschaft ihren elementaren Charakter beibehält. Negativ betrachtet, kann kein Diskurs länger durch andere Eigenschaften gewahrt bleiben ohne eine hinreichende Stabilität im Hintergrund.

So kann ein Diskurs durchaus stabil sein, selbst wenn andere Eigenschaften fehlen. Zeichnen sich Diskurse auch durch die oben genannten positiven Eigenschaften langfristig aus, dann ist die Stabilität automatisch gewährleistet. Partner, die eine liebevolle und harmonische Beziehung pflegen, teilen einen stabilen Diskurs miteinander.

Des Weiteren hat jeder Diskursteilnehmer eigene Vorstellungen von den oben genannten Eigenschaften. Erwartungen, die daraus resultieren können, würden allerdings in ihrer Nichterfüllung den Diskurs eher belasten als bereichern und schlussendlich durch die Enttäuschungen, die in den Diskurs eingehen, die Stabilität selbst riskieren.

Es müssen die Erwartenden bzw. Enttäuschten im rechten Umgang mit sich selbst diese Differenz ausgleichen lernen, wenn sie den Diskurs dahingehend nicht belasten wollen. Womöglich führt die anhaltende Stabilität des Diskurses schlussendlich zu Resultaten, die meine anfänglichen Erwartungen sogar übersteigen.

Im Hinblick auf unsere persönlichen Bedürfnisse und die bereits gemeinsam wahrgenommene Bedrohung von außen sollten wir gegenüber einem stabilen Diskurs schleunigst Demut lernen, denn ein instabiler Diskurs führt nirgendwo hin – äußere Bedrohungen (z.b. seitens Krisen und Kriegen) hin oder her.

Um die Stabilität eines Diskurses auch wirklich zu gewährleisten, folgt nun eine Annäherung an den zweiten Begriff: der Konsens.

2.3 Zwei Arten des Konsens

Konsens. Wir haben den Ausdruck bereits mehrmals verwendet und ihn mit Übereinkunft und Einigkeit grob übersetzt. Wenn in einem Diskurs Konsens *herrscht*, dann können wir davon ausgehen, dass dieser stabil ist. Die Hauptaufgabe der Gruppenmitglieder kann also darin gesehen werden, unabhängig einer Vielzahl von Standpunkten, Themen und möglichen Vorhaben, die Erlangung (irgend)eines Konsens als vorgeschaltete Zielsetzung anzustreben. Das klingt auf den ersten Blick banal und utopisch zugleich, schließlich können wir nicht in allen Punkten immer einer Meinung sein. Das ist richtig.

Aber mittelfristig soll das entschieden werden, was alle Mitglieder in ihrer Verantwortungsrolle mittragen können. Ein ähnliches Motiv gilt bei Kompetenzen. Die Gruppe sollte sich für Vorhaben entscheiden, für die es auch hinreichende Kompetenzen in der Gruppe gibt.

„Wer nicht kann, was er will,
muss wollen, was er kann."

Leonardo da Vinci

Gemünzt auf das Thema Konsens bedeutet es die Verteilung der Entscheidungen auf alle Schultern der Diskursbeteiligten. Dies hat den ungemein großen Vorteil, dass *niemand für die Entscheidungen der Gruppe allein die Verantwortung tragen wird oder sie (ohne die eigene Zustimmung) auf sich nimmt.* Dieser Umstand entlastet den Diskurs. Ebenfalls partizipieren alle am Diskurs in Fragen der Gruppenentwicklung und somit auch an allen Entscheidungen. Wären sich die Teilnehmer ihrer Rolle wirklich bewusst, dann ist die Begründung des Austritts gegenüber eines ungewollten Wandels, es habe sich mit der Zeit etwas entwickelt, was man selbst nicht mehr unterstützen könne, nicht möglich.

Wer mitgestaltet und auch seinen Anteil im Gesamtvorhaben erkennen kann, bleibt. Dem Gefühl des Alleinseins und der Ohnmacht ist erfolgreich entgegengetreten worden (einige Hauptgründe für das politisch motivierte Zusammenkommen überhaupt) und neue Möglichkeiten tun sich nun auf. Sind diese neuen Freiheiten erst einmal als das erkannt worden, was sie wirklich sind, neue Freiheiten, wer würde freiwillig nach dieser Einsicht je wieder auf diese verzichten wollen – geschweige sich diese nehmen lassen? Eben.

Ziel der sich entwickelnden Gruppe kann es nur sein, in einem stabilen Diskurs und einem geteilten Verständnis von Konsens, alle Beteiligte als Wahrer derselben erfolgreich einzubinden.

Würde man sich das Verhältnis zwischen Gruppe, Diskurs und Konsens vor Augen führen wollen, dann wäre folgende Faustformel sicherlich hilfreich:

Die Gruppenbildung gelingt aufgrund eines stabilen Diskurses und die Stabilität wird von der Fähigkeit zum Konsens garantiert.

Das klingt aber doch sehr positiv, zugleich recht idealistisch und modellhaft.

52

2.3. ZWEI ARTEN DES KONSENS

Wenn wir nicht anfangen, uns um Begriffe und Modelle zu bemühen, die unser aller Verständnis und Anschauung schulen, wie wir
miteinander umzugehen haben, so werden wir uns nie nach etwas
Neuem ausrichten, *denn auch das Neue braucht stabile Diskurse
und Einhelligkeit durch Konsens.*

Der „Glaube", wir könnten dies alles mit unserem bisherigen Alltags-
verständnis von Beruf und Beziehung bewerkstelligen, jenseits eines
gemeinsamen Neuansatzes, wird bereits an den eigenen Ängsten
und Komfortzone scheitern und somit auch die Gruppe.

Genau hier liegt eine Quintessenz der selbstgemachten Erfahrungen
seit der C-Krise: Der erbrachte Aufwand einer unglaublichen Energie zur Wahrung und Legitimierung der eigenen Trägheit. Anstatt
den mentalen Schranken offen und progressiv entgegenzutreten, die
uns unser Umfeld mit besten Grüßen seitens Autorität und Erzie-
hung hat zukommen lassen, überaus erfolgreich, möchte ich noch
hinzufügen, streben viele „kritische" Mitmenschen verstärkt nun
nach Religiösität, Heilsversprechen, Offenbarungen etc.[3]

Ein Rückblick als Hilfsmittel: Erinnern wir uns an ein Netzwerk
noch weitgehend einander unbekannter Menschen und das Einzige,
was diese Menschen zusammenführte, bestand in einer politisch
bedrohlichen Entwicklung, die die Gesellschaft allgemein erfasste.
Viele zogen ihre Lehren aus den nahezu gewaltsamen Eingriffen in
den öffentlichen Diskurs, die ein Großteil der Gesellschaft auf eine
bestimmte gewünschte Haltung hin „informierte" oder (besser) *in*

---

[3]Ich möchte hier nichts gegen Spiritualität im Allgemeinen gesagt haben. Doch
wann fühlen wir uns mit etwas Höherem wirklich verbunden und dadurch berei-
chert; und wann betreiben wir lediglich Weltflucht? Das muss jeder für sich selbst
wissen. Aber Weltflucht hat häufig etwas mit Trägheit und weniger mit Erhabenheit
zu tun. So zumindest meine Erfahrung. Vielleicht trifft diese Beobachtung nicht
auf alle gemachten Erfahrungen zu, doch Weltflucht kann niemals eine Lösung der
Weltprobleme sein.

Formation brachte. Der Umgang mit Abweichlern wurde zu einem reinen Automatismus der Diskriminierung.[4]

Doch dieser neue Automatismus wird innerhalb der Gesellschaft nicht ohne Spuren bleiben. Angst wird seitens des Staates gemacht – nicht wie in einer Katastrophe üblich Ruhe und sinnvoll Besonnenheit empfohlen. Ein untrüglicher Hinweis: Verbreitet der eigene Staat Angst und erweitert zeitgleich seine Kompetenzen, dann liegt etwas in der Luft. Die Menschen spüren die Veränderungen. Niemandem sind die beiden Lockdowns entgangen. Sicherheit, und zwar die eigene, liegt aufgrund des Allgemeinwohls nicht mehr in den Händen der jeweiligen Individuen. Das ist auf jeden Fall „neu".

Die Gesellschaft spaltet sich: Die Einen fürchten das Virus. Die Anderen fürchten die angekündigten und dann auch tatsächlich durchgeführten Maßnahmen des Staates. Die Prognosen in Zusammenhang mit der Pandemie bildeten allesamt eine angsteinflößende Illusion, doch die bisherigen Maßnahmen seitens der Politik waren *de facto* keine und somit auch nicht ihre *plötzlichen und unerwarteten* Folgen.

Mediale Symptome: Die Einen werden auf die Anderen gehetzt. Die Anderen sind nun rechtsradikal, Verschwörungstheoretiker, Schwurbler usw. Die gesellschaftliche Luft wird dünn für Menschen, die nicht einfach bereit sind, alles zu glauben. Sie werden stigmatisiert – im Beruf, im Freundeskreis und in der Familie.

Weiter im Text: Und genau diese Menschen suchen natürlich aus ihrer erlebten Ohnmacht und Isolation heraus wieder Anschluss zu Gleichgesinnten, zu Menschen, die ähnliche Erfahrungen ma-

---

[4]Ob nun innerhalb der Wissenschaften, Justiz, Medien, Politik oder Exekutive. Der Staatsapparat schien während der C-Krise auf die gesellschaftlichen Gegenreaktionen besser vorbereitet zu sein, als bei der Einschätzung der Gefährlichkeit des Virus selbst – oder in Bezug auf die Nebenwirkungen der getroffenen Maßnahmen.

chen mussten. Das verbindet. Diese zu Beginn der Netzwerkbildung wirkungsvolle Verbindung bezeichne ich hier als

„Konsens der Wahrnehmung".

Die Sympathien unter diesen Menschen wird aus der Not und im Hinblick auf erfahrene Formen der Nötigung geboren und Verzweiflung schweißt nun einmal zusammen und ermöglicht dadurch gegenseitigen Halt. Man vernetzt sich.

Es ist zwar noch unklar, wohin die gemeinsame Reise gehen soll, doch mehr und mehr stellt sich heraus: Wie heilsam es sein kann, dass man sich getroffen hat und nicht allein mit den neuen Spannungen umgegangen werden muss. Darauf folgt die Einsicht, dass es sinnvoll ist, in fragwürdigen Zeiten nicht allein zu sein.

Die Einsicht in die Bedeutung der Gemeinsamkeit gilt hier als

„Zäsur der Einigkeit" oder als „geteilte Anschauung".

Sie bleibt oftmals unausgesprochen und die unsichtbare Grenze der neuen gemachten Bekanntschaften wird dahingehend überschritten, wenn gefragt wird: Welche Bedeutung hat der Umstand, dass wir uns begegnet sind? Was sollte nun darauf hin geschehen? *Was können wir tun?*

Diese und ähnliche Fragen deuten den Übergang in Richtung Gruppenbildung an und mit ihnen rücken – neben den kommunikativen – organisatorische Aspekte in den Fokus. Man traf sich bereits mehrmals. Man weiß in groben Zügen von den Biografien, den Kompetenzen und Kapazitäten der anderen Mitglieder. Die Frage, was man gemeinsam umsetzen möchte, macht zunehmend Sinn.

Zugleich wird die Frage nach dem Machbaren konkreter und eine weiterführende Auslotung nach dem gemeinsam Umsetzbaren mündet in einem

„Konsens der Handlung"

und damit in eine Einigung auf eine gemeinsame Unternehmung. So wird ein Netzwerk zu einer Gruppe. Aus der erfolgreichen Kommunikation folgt Organisation. Und führt das zuvor geteilte Gefühl der Ohnmacht über das gemeinsame Handeln zu einem Bewusstsein des Machbaren, so spürt man dahingehend auch einen Zuwachs an eigener Freiheit. Erst dann besteht die Möglichkeit, dass das gemeinsam Erreichte und dessen Erhalt zum Selbstzweck wird, auf den kein Gruppenmitglied in Zukunft verzichten möchte. Hier schließt sich der Kreis.

So das Ideal.

Warum sehr häufig dieser Prozess nicht erfolgreich abläuft, soll anhand einiger Beispiele angedeutet und weitere Termini für eine adäquatere Fallbeschreibung und den weiteren Modellaufbau eingeführt werden.

Diese Begrifflichkeiten sollen den Netzwerken und Gruppen an die Hand gegeben werden und helfen, ein effizienteres Vokabular bei der Beschreibung von Gruppenbildungsprozessen zu verwenden. Zur Erinnerung:

Ohne Lernbereitschaft wird es keine Umsetzung
von Vorstellungen des Neuen geben.

Gruppen bilden sich niemals grundlos und erfolgreiche Gruppenbildung entwickeln sich niemals ansatzlos. Wie ein Anlass zum Netzwerk führt, so führt ein Konzept zu einer stabilen Gruppe.

Beachten wir hier zunächst einmal Folgendes: Es existieren in dieser Konzeption zunächst zwei Arten von Konsens und ein Unterscheidungsmerkmal besteht zunächst darin, dass der **Konsens der Wahrnehmung**, das Resultat der Wahrnehmung, die motivationale Schnittmenge der Beteiligten während der ersten Treffen hervorbringt. In dieser Phase ist man noch vom Druck des Staates abhängig, will sagen, fällt dieser Druck weg, lösen sich die Netzwerke wieder auf.

Auf diese noch „abhängige" Identifikation folgt unsere **Zäsur der Einigung**. Hier einigt uns unsere geteilte Wahrnehmung der äußeren Bedrohung. Dadurch wird die Bedrohung zum **Anlass** zum Netzwerk und in das Netzwerk geht die Erkenntnis ein, dass man im Hinblick auf die Zukunft irgendwie gemeinsam (re)agieren sollte. Es entsteht eine gemeinsame *Anschauung*. Dazu später mehr.

Bestenfalls geht allen gemeinschaftlichen Vorhaben ein **Konsens der Handlung** voraus. Während der eine kommunikative Konsens einen Prozess *passiv* abschließt, so leitet der andere *aktiv* einen organisatorischen Prozess ein. Bitte sich diese charakteristische Unterscheidung merken, denn zu oft vollzog sich das Missverständnis, dass sich aus der Wahrnehmung der Bedrohung zwangsläufig auch die Antwort auf die Frage ergibt, was getan werden sollte. Ein fataler und häufiger Irrtum, wie hier noch näher erläutert werden wird.

Die offenen Hoffnungen und Ansprüche stellen eine erste erkennbare Diskrepanz dar. Doch die unausgesprochenen Erwartungen werden mittel- und langfristig den Gruppendiskurs nachhaltig belasten.

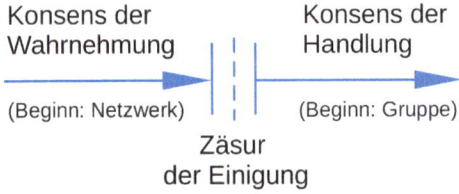

Abbildung 2.1: Zwei Arten des Konsens

2.4 Konsens als Schnittmenge

Eine weitere Herangehensweise an den Konsensbegriff kann im Motiv einer Schnittmenge gesehen werden.

Sehr schön illustriert das Wort *Interesse* epistemologisch den Kontext. Der Ausdruck „inter" bezeichnet im Lateinischen die Präposition *zwischen* und „esse" lässt sich mit *sein* übersetzen. Dieses *Zwischen-sein* hat eine doppelte Bedeutung im Hinblick auf die beteiligten Entitäten. Ein Subjekt kann allein oder mit anderen interessiert an einem Objekt sein, womit auch ein Interesse der Subjekte füreinander Bedeutung erhält. Schließlich verbinden geteilte Motivationen selbst dann, wenn die Verbindung konkurrierender Natur ist. Die Wahrung und Vertretung von Interessen liegt unserem Staat als Aufgabe zugrunde, ja unser gesamtes Organisationsverständnis basiert darauf.

Der immense Vorteil eines Konsens im Gruppenbildungsprozess liegt in der Entlastung des Diskurses. Da eine bestimmte Sichtweise in einer Reihe von Fragen nun erfolgreich einhellig geteilt wird, können aus einem stabilen Diskurs heraus erste Vereinbarungen getroffen werden. Das Treffen grundlegender Vereinbarungen (und ihre spätere Einhaltung) stellen eine notwendige Bedingung für ein gemeinsames Handeln dar. Man könnte auch in der Einhaltung der ersten Vereinbarungen problemlos einen Auftakt des gemeinsamen Handelns sehen. Die Entscheidung einen dritten Blickwinkel auf die Bedeutung eines Konsens einzuführen, hat seinen Grund in einem Problem, die ein Konsens leider ebenfalls mitbringt. Dieses Problem ist für unsere Spezies bisher ungelöst und auch angesichts unserer Natur selbst durch Anführung eines Ideals nicht ohne Weiteres lösbar.

Es handelt sich um die uralte Frage, wie lange man einmal getroffene Vereinbarungen einhalten soll. Treffen alte Regeln auf neue Aspek-

Abbildung 2.2: Drei Aspekte des gemeinsamen Handelns

te der Erkenntnis, dann scheidet sich konservativ von liberal. Dies gilt für die klassischen metaphysischen Grundfragen der Religionen genauso wie für das Gefüge Humanismus, Demokratie, Staatssouveränität in Verbindung mit Globalismus und Transhumanismus der heutigen Zeit.

Übertragen auf unsere Überlegungen ist jeder Konsens innerhalb eines Gruppenbildungsprozesses ab dem Zeitpunkt seiner Existenz der Dynamik seiner weiteren Entwicklung ausgesetzt.

Die einzige bisherige Antwort auf diese Herausforderung hat bis heute einen „Makel" unserer Spezies offenbart. Er liegt in der auf Privilegien basierenden Überzeugung, den Status quo unbedingt aufrecht halten zu müssen – koste es, was es wolle. Der Grund liegt in der Umkehrung der Sichtweise: Der stabile Status quo garantiert allein die existierenden Privilegien.

Doch gehen wir von diesem anthropologischen Gedankengang zu unserem Gruppenprojekt über, dann erkennen wir die freigesetzte Energie in der Konkurrenz der Sichtweisen, geradezu einem einzigen Gerangel derselben, insbesondere nachdem ein Konsens erfolgreich eingeführt wurde. Auch dazu später mehr.

2.5 Zwischen Netzwerk und Gruppe

Die vorherigen Abschnitte enthielten zugegebenermaßen einen sehr idealistischen Kern, mit wenigen konkreten Bezügen. Wieso kann ein derartiges Vorgehen sinnvoll sein? Nun ja, wenn man eine Reihe von Fragen im Rucksack hat, wie Gruppenbildung gelingen kann, warum fragen wir nicht gleich nach den Bedingungen gelingender Gruppenbildung, legen eine Folie dahingehend an und nehmen die Entwicklungsprozesse in Netzwerken daraufhin strukturierter wahr?

2.5. ZWISCHEN NETZWERK UND GRUPPE

Warum wird das Misslingen durch Missverständnisse, zwischen-
menschliches Gehader und fehlende Einigungen zu Fragen der Sinn-
haftigkeit gemeinsamen Handelns häufig mit einem Achselzucken
quittiert (es sollte einfach nicht sein!) oder so getan, als würde man
das Rad zwischenmenschlich gänzlich neu erfinden müssen?

Kann man möglicherweise den Grad unserer kulturbedingten Unmündigkeit lediglich am kritischen Teil der Gesellschaft beobachten
und dokumentieren, da er allein mit dem Status quo hadert und sich
wenigstens bemüht, sich daraufhin selbst zu organisieren?

Neben wenigen positiven Beispielen in puncto Diskursstabilität
und organisatorischer Reichweite sehe ich den Handlungsbedarf für
politisch motivierte Gruppen darin, ein grundlegendes Verständnis
gegenüber ihrem gemeinsamen Vorhaben und den eigenen Rollen
darin zu entwickeln.

Wollen wir ein Netzwerk weiterhin von einer Gruppe unterscheiden,
dann stellt die Ausprägung der Rollen der Mitglieder in Gruppen ein
wichtiger Aspekt dar. Rollen in Gruppen erfüllen Funktionen und
leider sind sich viele Rollenträger ihrer funktionalen Eigenschaften
nicht hinreichend bewusst. Selbstvertrauen und -bewusstsein in die
eigene Rolle schafft Vertrauen von außen. Manche Funktionen erfordern sogar bereits vorhandene Übung und gewisse Qualifikationen,
damit Vertrauen auf die Funktionserfüllung seitens der Gruppe auch
wirklich berechtigt ist. Die Rolle des Kassenwartes oder eines Ver-
einsvorstandes kann nicht jedes Mitglied ohne Weiteres erfüllen und
repräsentative Funktionen existieren nicht nur in der Politik.

Ein Gruppensprecher sollte rhetorisch und ein Kassenwart buchhal-
terisch fähig sein. Nicht alle bewältigen diese Aufgaben gleich gut.
Einige, wie ich, verabscheuen Verwaltungsaufgaben. Dann sollten
sich Mitglieder melden, die sich eher mit den jeweiligen Funktionen identifizieren. Auf die Erfüllung von Funktionen folgt ebenfalls

Diskursstabilität, weil die tätigen Gruppenmitglieder einer Aufgabe nachgehen und sich so erfolgreich ihrem Wesen nach einbringen können. Man sollte immer klein anfangen und sondieren, welche Kompetenzen der Gruppe zur Verfügung stehen. Auch hier kommt man dem Ziel eines stabilen Diskurses rasant näher, wenn Individualkompetenzen erfolgreich in die Gruppe eingegeben werden. Merke:

*Die individuellen Kompetenzen und Kapazitäten der Mitglieder sind der grundlegende Ausgangspunkt für jedes **realistische** Vorhaben der Gruppe.*

Hierin zunächst für Klarheit zu sorgen, gilt ab dem Augenblick der Einigkeit zum gemeinsamen Handeln. **Abstrakte Wünsche weichen konkreter Bereitschaft. Mit einer wichtigen Konsequenz:**

Die „Aktiva" zeigt sich.

2.6 Aktiva und Passiva: Wir brauchen beide!

Wie oft durfte ich die folgenden beiden Sätze vernehmen:

1. *„Wie können wir die anderen dazu bringen, aufzuwachen?"* *(Gemeint sind andere Teile der Gesellschaft.)*

2. *„Wir müssen die anderen dazu bringen, ins Tun zu kommen."* *(Gemeint sind andere Mitglieder im Netzwerk bzw. Gruppe.)*

Beide Sätze sind auf ihre Weise sinnvoll und katastrophal zugleich und man sollte sich zuvor fragen, wie Diskurse funktionieren.

Nicht missverstehen! Ich würde es im Hinblick auf die erste Frage sehr begrüßen, wenn die Gesellschaft auf kritische Stimmen aus ihrer Mitte stärker achten würde. Jegliche Potenzialität entspringt der Gesellschaft. Dies würde dem demokratischen Gedanken und einem tatsächlich offenen öffentlichen Diskurs recht nahe kommen. Gerade dann, wenn die Sendungen des Staates zunehmend fragwürdiger werden und zunehmend der Eindruck entsteht, ein Wahrheitsministerium klopft an die Tür des öffentlichen Diskurses.

Aber entscheidend ist es, wann diese Sätze ausgesprochen werden. Widmen wir uns dem ersten Satz. Im ersten Lockdown war dieser Satz, in Form einer Frage, sehr häufig zu vernehmen und mit der Zeit wurde sie zu einem Meilenstein des Frustes, denn sie war sehr schwer zu beantworten.

Demonstrieren, Großveranstaltungen und auch das regelmäßige Spazierengehen versammelte größtenteils die Menschen, die sich ohnehin einer Meinung waren und ob die Rate des Aufwachens befriedigend sich entwickelt hat, dieses Resümee sollten die Veranstalter und aktiv Mitwirkenden selbst ziehen.

Häufig kam diese Frage allerdings innerhalb eines Netzwerkes in der Überzeugung auf, das Netzwerk müsste wachsen, damit überhaupt etwas geschehen bzw. sich entwickeln kann. Diese Erwartungshaltung wird logischerweise jäh enttäuscht werden, wenn sich die kritischen Mitmenschen in einer Region größtenteils bereits gefunden haben.

Erwartungen und Enttäuschungen derselben sind leider überwiegend Gift für einen politisch motivierten Diskurs. Wenn das Netzwerk bereits aus hundert Teilnehmern besteht und diese nun nichts anderes tun, als auf die nächsten hundert zu warten, dann hat die gesamte Sache einen gewissen Haken.

Wahrscheinlicher ist allerdings, dass unter der ersten Zusammensetzung des Netzwerkes sich ein oder zwei Hände voll aktive Teilnehmer befinden. Und um es auf den Punkt zu bringen:

Sie sind es, die sich finden müssen!

Für Aktivitäten müssen sich zunächst die Aktiven finden! Eigentlich trivial, nicht?

Nennen wir das aktive Minigrüppchen *Aktiva* und die anderen Teilnehmer *Passiva*.[5]

Wir werden sehen, dass beiden(!) Gruppierungen eine wichtige Rolle zukommt. Auf keine, um es unmissverständlich auszudrücken, kann verzichtet werden. Sie sind beide wichtig – auf ihre Weise. So werden die Aktiva eine koordinierende Funktion übernehmen und die Passiva eine tragende. Ein Konzept macht nur Sinn, wenn es auch getragen wird und um etwas tragen zu können, muss man sich zuvor aktiv gezeigt und sich auf etwas geeinigt haben.

Mit dieser Vorstellung nähern wir uns dem zweiten Satz.

Wenn zehn von hundert Mitgliedern eines Netzwerkes ein gemeinsames Projekt starten, dann ist dieser Vorgang für das gesamte Netzwerk wie auch für den Prozess der Gruppenbildung immens hilfreich. Was geschieht hier praktisch? Der handlungsfähige Teil findet sich erfolgreich und ruft ein erstes Projekt ins Leben. Dieses ist zugleich ein Angebot für das Netzwerk und weniger aktive Netzwerkteilnehmer erhalten die Möglichkeit, sich anzuschließen. Ein sehr positiver Verlauf, auch wenn nicht alle im Netzwerk davon überzeugt sein mögen, so bilden Angebote stets Anschlussmöglichkeiten.

Passiva brauchen diese Anschlüsse, wenn sie diese nicht selbst generieren können und die Annahme dieser Angebote obliegt bestenfalls der Freiwilligkeit. Damit ist nicht ausgeschlossen, dass auch größere Gruppen sich als Aktiva zeigen könnten. Aber eine große Anzahl an Beteiligten steigert den Kommunikationsaufwand. Die Einigung

---

[5]Diese Bezeichnung ist nicht wertend gemeint. Es gibt nun einmal große und kleine Menschen. Blonde und Schwarzhaarige. Diese Bezeichnungen sind feststellend gemeint. Und manche Menschen sind aktiver als andere. Das ist Vielfalt. Ein Glück. Immer macht irgendwer den ersten Schritt...

auf ein konkretes Projekt ist bereits bei einem kleinen Kernteam mittelfristig eine immense Herausforderung.

Was geschieht auf der Seite der Aktiva? Wenn Angebote in den Netzwerkdiskurs eingestellt werden, dann sind die Initiatoren auch dafür verantwortlich. Teilnehmer, die sich gerade nicht zum ersten Mal voll des Enthusiasmus als Aktiva selbst entdecken, wissen das. Diese Verantwortung gilt ab Projektbeginn nach außen (ins Netzwerk) und gegenüber den anderen aktiven Teilnehmern nach innen. Verlässlichkeit und Vertrauen tragen jede Vereinbarung.

Die Verantwortung auszugestalten obliegt der Aktiva – nicht dem gesamten Netzwerk – und hängt von den vorhandenen Kompetenzen und Kapazitäten der aktiven Mitglieder ab. Das darauffolgende Angebot kann schließlich angenommen oder abgelehnt werden. Wird es nicht angenommen, so kann ein neues Projekt und auch eine neue Zusammensetzung der Aktiva einen Schritt weiterführen.

In der Regel brauchen die Aktiva sehr viel – aus meiner Sicht zu viel – Zeit, sich zu finden. Hätten wir eine etwas offenere, konzeptionelle und organisatorisch praktischere Mentalität, dann könnte dieser Prozess der Selbstfindung der Aktiva sich in Windeseile vollziehen. Die Einsicht in die Notwendigkeit des gemeinsamen Handelns müsste reichen. Dies gilt auch für die Akzeptanz seitens der Passiva.

In Netzwerken mit etwa hundert Teilnehmern werden kleinere auf Interesse basierende Arbeitsgruppen ohnehin wahrscheinlich, wie z.B. Gesundheit, Ernährung, Spiritualität, gemeinsame Freizeitaktivitäten oder technische Steckenpferde – die Passiva kann sich *thematisch* problemlos selbst organisieren – und sei es, dass man sich alle vierzehn Tage zum Kaffeekränzchen trifft.

Dafür bedarf es der Aktiva nicht.

Aber: Das Zusammenspiel zwischen Aktiva und Passiva gestaltet sich dann als extrem spannend, wenn innerhalb des Gruppenbildungsprozesses geklärt wird, unter welchem Stern *gemeinsam* gehandelt werden soll.

Aus dem politischen Anlass heraus werden Angebote und Bedarfe zunehmend eine Rolle spielen. Es scheint für politisch motivierte Gruppen die richtige Entwicklung zu sein. Dann sprechen wir von freier Kommunikation, Sicherheit, Selbstversorgung, Marktplätzen (ob analog oder digital), Organisationsformen, bis hin zu alternativen Gesellschafts- und Wirtschaftsformen etc.

Ein weites Feld, eine neue Chance zu lernen und den ersten Schritt zu tun.

2.7 Ruhe bewahren und bitte kein Aktionismus

Wenn in der Gesellschaft Ungerechtigkeit empfunden wird, dann liegt die Hoffnung auf öffentliche Empörung als Korrektiv nahe, ganz besonders wenn der Staat als Urheber der Empfindungen ausgemacht wird. Engagement und Einsatzbereitschaft wird gezeigt, man fertigt Plakate, demonstriert und geht – seit der C-Krise – regelmäßig *spazieren*.

Man möchte stellvertretend für gesellschaftlich öffentliches Engagement werben und andere Teile der Gesellschaft auf die jeweiligen Missstände aufmerksam machen. Man ist hochmotiviert und von der Richtigkeit dieser Vorgehensweise unumstößlich überzeugt. Mehrmals konnte ich das geteilte Hochgefühl der Überzeugung und des Gemeinschaftsgefühls vernehmen, allerdings im Einklang mit teilweise vorhandenem Unverständnis gegenüber der Frage, ob dies denn der einzig richtige Weg ist.

2.7. RUHE BEWAHREN UND BITTE KEIN AKTIONISMUS

Viele kritische Geister in unserem schönen Lande meinen aufgrund der wahrgenommenen Ungerechtigkeit auch die ausnahmslos richtige Antwort der Gegenreaktion zu kennen. Die Art und Weise der eigenen Reaktion hängt aber in erster Linie von der eigenen Mentalität ab und die Richtigkeit der Reaktionen von den eigentlichen Gründen der gesellschaftlichen Schieflage. Versagt der Staat tatsächlich gerade oder werden über ihn erfolgreich Partialinteressen in Richtung Gesellschaft verallgemeinert? Der erste Fall stellt ein organisatorisches Defizit seitens des Staates dar, doch der zweite einen waschechten Interessenkonflikt zwischen Teilen der Gesellschaft.

Unter anderem verleitet eine Festlegung auf eine Antwort häufig den selbst eingeschlagenen Weg als unumstößlich richtig einzuschätzen und andere Möglichkeiten nicht als das anzuerkennen, was sie eigentlich sind – andere Möglichkeiten. Dies gilt natürlich auch für diesen Ansatz.

Während die einen demonstrieren, suchen die anderen nach Gesetzeslücken, politischen Mitteln, anderen Wegen der öffentlichen Arbeit, bemühen sich um Vernetzung, Organisation und Lösungen, die Optionen zu gesellschaftlichen Reaktionen, Alternativen zu den Maßnahmen oder im worst-case Möglichkeiten zur Flucht bieten. Die Mittel und Wege dies alles zu bewerkstelligen, gehen bestenfalls weit über das hinaus, was uns als Recht zur Mitsprache zugestanden wird. Dazu bräuchte man die Erwartungshaltung des Staates doch lediglich zu düpieren. Ein Beispiel:

Hätten alle friedliebenden Demonstranten zur Zeit der C-Krise vor dem Bundestag (nach dem Meditieren), einen Kugelschreiber und ein Anmeldeformular für eine konservative Partei – in der C-Krise und Ukraine-Krise haben sich alle namhaften Parteien als konservativ gezeigt – zur Hand genommen und wären einer Partei beigetreten, um wirklich aktiv das aktuelle politische Geschehen an der politischen Front zu stoppen, dann hätte man mindestens eine große

Volkspartei und zwei kleine Parteien regelrecht überrennen können und zwar mit einfachsten demokratischen und völlig legitimen Mitteln. Danach sähe die politische Landschaft gänzlich anders aus. Ich votiere klar für das Umkrempeln alter Parteien, nicht für das Bilden neuer.[6]

Die Option des übrigen Teils der Parteienlandschaft, eine große Koalition zu bilden, wäre damit ausgehebelt und – Voilà! – die deutsche Gesellschaft hätte im Zeichen der Krise(n) den Weg zur demokratischen Selbstbestimmung gefunden, damit aus einer Not eine Tugend gemacht und – mal so nebenbei – zivilisatorisch einen gordischen Knoten zerschlagen.

Vielleicht sogar ein Zeichen für die EU gesetzt!? Wer weiß?

Aber leider ist die Chance unter Aufbietung aller Formen der Empörung jäh verpasst worden. Schade eigentlich. Denn mit Empörung allein kommen wir nicht wirklich weiter. Dagegen kann der Staat u.a. den Verfassungsschutz, „Public Relations"-Medien, Polizei, Sicherheitsdienste und Militär – zunächst *nur* mit Schlagstöcken und Wasserwerfern bewaffnet –, eine neue Brigade der Faktenchecker, militante Politiker, digitale Überwachung und den unkritischen Teil der Gesellschaft in Anschlag zu bringen. Das übliche „Teile-und-herrsche"-Spiel eben.

Eine tatsächlich demokratische Neuausrichtung seitens der Gesellschaft wäre eine zivilisatorische Errungenschaft gewesen. Vielleicht

---

[6]Neue Parteien zu marginalisieren ist einfach, siehe Piraten und „Die Basis". Ob die AfD eine kontrollierte Opposition darstellt, davon sollte sich der Leser selbst ein Bild machen. Aber wie viele Mitbürger sind nötig, um eine bestehende Partei in eine wirkliche Oppositionsrolle zu zwingen? Ich vermute, es standen bei Weitem mehr Menschen auf der Straße. Aber ist es nicht besser, etablierte Parteien, die bereits im Bundestag Einzug erhalten haben, direkt zu beeinflussen, anstatt auf neue Parteien (in einer alten Parteienlandschaft) zu hoffen und um %-Hürden zu bangen?

fällt auch dem einen oder anderen empörten Mitmenschen auf, dass es hier nicht allein um Krisen und offenkundige Ungerechtigkeit gegen die Gesellschaft, sondern um unser aller Zukunft geht. Dieser Rahmen sollte den der bloßen Empörung schon übersteigen.

Eine kritische Minderheit, die immerhin mehrere Millionen Mitbürger umfasst, müsste ein leichtes Spiel haben, wenn sie in einer ansonsten überwiegend unpolitischen Gesellschaft lebt. Leider fehlt(e) es dieser Minderheit an Witz. Wir reagierten lediglich ohnmächtig und suchten nicht nach Wegen der Aktion. Obwohl dies gänzlich im Sinne einer freiheitlich-demokratischen Grundauffassung wäre, insbesondere dann, wenn durch die gesellschaftliche Brille erkennbar wird, dass der Staat eine Agenda verfolgt. Noch wird die Suche nach neuen Wegen der freiheitlich-demokratischen Mitbestimmung seitens der Gesellschaft nicht strafrechtlich verfolgt. Noch...

Für den politischen Widerstand kann nur ein **breites Spektrum** an politischem Engagement die richtige Antwort sein. Hier gibt es keine richtigen Einzelwege, sondern nur ein gemeinsames Spektrum mit möglichst vielen Sparten. Diese sind von einer gemeinsam geteilten Vorstellung geleitet und wenn es lediglich um das Recht geht, als Individuum „Nein!" zu dürfen. Das würde völlig ausreichen. Nur einigen muss man sich...

An unserem konkreten Beispiel: Die geordnet hervortretenden aktiven Mitglieder geben sich auch der Gesellschaft und auf der Ebene der Realpolitik, dem geteilten Ideal nach, zu erkennen. Die Politik muss drehen, weil sich die Parteienlandschaft durch die neue Beitrittswelle dreht. Was getan werden kann, wird konkreter und für alle ersichtlicher. So lediglich ein Gedanke von Tausend möglichen. An Möglichkeiten mangelt es nicht, leider aber am gesellschaftlichen Grundverständnis, wie wir Menschen uns organisieren. Wir sprechen dann richtigerweise von einer Masse, wenn die Gesellschaft als passiver Konsequenzträger lediglich gesteuert und kontrolliert wird.

Doch auf eine bestimmte Form von Aktionismus, der die Realität eher widerspiegelte und heute noch anzutreffen ist, muss ich hier noch zu sprechen kommen.

Manche Wege können von einem Individuum nicht gleichzeitig gegangen werden. Einige Wege gelingen, weil man sie in die Öffentlichkeit trägt, andere hingegen, wenn man dies (zumeist in der Vorbereitungsphase) unterlässt. Man kann sich nicht bedeckt halten, an Optionen arbeiten und zeitgleich „Hier!" rufen. Manche spontane Vorhaben riskieren andere strukturiertere, wenn die beteiligten aktiven Mitbürger ein- und dieselben sind.

Ein Beispiel: Bekannte Speaker, wie Wodarg und Bhakdi, stellen nun einmal ein leichtes Angriffsziel für die Behörden und die Möglichkeit für medial wirkungsvolle Exempel dar. Dabei wird größtenteils statistisch vorgegangen.

Sich für eine bestimmte Rolle zu entscheiden und sich explizit auf die Erfüllung zu konzentrieren, ist um ein Vielfaches wirkungsvoller, als jedem Strohhalm nachzugehen und auf Tausend Hochzeiten zu tanzen. Was hier zumeist fehlt, ist ein Grund- und Rollenverständnis, das im Zuge des politischen Engagements erforderlich wäre und die „Masse" weniger Masse sein lässt, als von den Gesellschaften gemeinhin selbst angenommen wird.

Bitte einmal selbst darüber nachdenken!!!

Kapitel 3

Ein Ansatz für Gruppen

3.1   Ein konsensorientierter Diskurs

Kommen wir mit den ersten Hinweisen auf einen Umstand zu sprechen, den ich zur Zeit der C-Krise betrüblicherweise in einigen Netzwerken miterleben musste. Zahlreiche Missverständnisse traten auf, Uneinigkeit und Konflikte entstanden, Emotionen kochten hoch, Zielvereinbarungen wurden nicht explizit ausgehandelt, Gruppenbildung vollzog sich nicht erfolgreich und Netzwerke lösten sich in kürzester Zeit wieder auf. Man könnte auch sagen, es „menschelte".

Doch dieser letzte Ausdruck klingt in meinen Ohren leicht verharmlosend und birgt den Anschein des Selbstverständlichen in sich. Allerdings wissen wir, dass durchaus eine Vielzahl von Organisationsformen existieren, in denen diese Art von *Menscheln* nicht tonangebend ist. Wie ist dem Menschen denn das gelungen? Und: Wie gelingt uns dies hier?

Die Antwort innerhalb dieses Ansatzes lautet:

Auf der Basis eines Konsens.

Wir hatten diesen Begriff im Wechsel vom Netzwerk zur Gruppe schon näher betrachtet. Nähern wir uns diesem Begriff erneut und versuchen mit ihm weitere relevanten Aspekte einzufangen. Warum? Um ein Gefühl davon zu erhalten, was unter Umständen in so mancher Gruppe schiefläuft und damit einen stabilen Diskurs als auch das Auftreten eines Konsens in weite Ferne rücken lässt.

1) Was ist ein Konsens?[1] Eine weitere Definition:

Eine anschauungsstiftende[2] Übereinkunft, auf deren Verbindlichkeit es schlussendlich ankommen wird.

2) Und wie entsteht ein Konsens?

Durch die kontinuierliche Anerkennung miteinander geteilter und gemeinsam erworbener Einsichten.

Dies wird zwischen Vergangenheit und Zukunft evidentermaßen durch einen regelmäßigen Abgleich der Mitglieder am ehesten ermöglicht. Durch ihn gerät der ursprüngliche Anlass nicht in Vergessenheit und das anzustrebende Ziel nicht aus den Augen.

Hingegen geraten Anlass als auch Ziel aus dem Fokus, wenn ein Konsens und somit auch die darauf aufbauenden Vereinbarungen nicht aufrecht bzw. eingehalten werden. Eigentlich nicht schwer einzusehen. Dieser trivial wirkende Umstand täuscht aber nicht über die Einsicht hinweg, dass das strukturelle Umgehen derartiger „Fettnäpfchen des Menschelns" eine überaus voraussetzungsvolle Angelegenheit ist.

---

[1]Zur Erinnerung auf Seite 57.
[2]Im Hinblick auf die bisherige geteilte Wahrnehmung und anschauungsbezogen im Hinblick auf die zukünftigen gemeinsamen Handlungen.

Darum ist es auch wichtig, die Chance der erfolgreichen Gruppenbildung in Zeiten des Umbruchs als Gelegenheit wahrzunehmen, denn nicht die ganze Gesellschaft lässt sich durch künstlich erzeugte und angsterzeugende Drücke in eine geistige Starre versetzen. Ein Teil der Gesellschaft erlebt die von außen erzwungene Formierung als Grund zur Neuorientierung. Und genau diese Neuorientierung sollte sich erfolgreich vollziehen.

Unabhängig davon, welcher Anlass bedroht und welches Konzept von einer Gruppe angestrebt wird. Es steht die übergeordnete Frage im Raum, ob eine Gesellschaft sich aus sich selbst heraus, z.B. aus traditionellen Herrschaftsmodellen, durch andere Organisationsansätze weiterentwickeln kann. Wie auch immer die Antwort ausfallen mag: *Konsens und Diskursstabilität gehen Hand in Hand.* Die Brille, die wir nun aufsetzen, um uns mit weiteren Aspekten auseinanderzusetzen, nennen wir ab jetzt „konsensorientierter Diskurs".

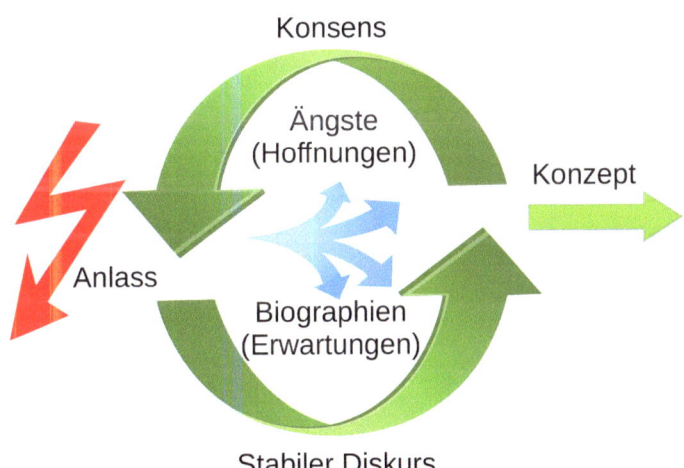

Abbildung 3.1: Zwei Bedingungen des Gelingens

3.2 Vier Funktionen – ein Überblick

Mit der Brille des konsensorientierten Diskurses nun gewappnet, werden wir uns weiteren Aspekten des Gruppenbildungsprozesses nähern. Beginnen wir mit einer funktionalen Sicht auf Rollenverteilungen in Gruppen.

Wenn wir uns ein möglichst einfaches Modell der Rollenverteilung im Gruppenbildungsprozess anschauen wollen, dann bietet sich eine vierfache Unterteilung nach Funktionen wohl am ehesten an, um eine weiterführende Arbeitsfolie herauszuarbeiten. Die Unterteilung lautet:

1. Progression

2. Konzeption

3. Moderation

4. Organisation

Viel einfacher lässt sich eine derartige Unterteilung wohl kaum vornehmen, aber die grundlegenden Funktionen lassen sich hier gut charakterisieren und gegenseitig kontrastieren.[3] *Funktionen? Wie trocken. Über Charaktere in Gruppen zu sprechen, ist doch viel spannender.*

Dazu kommen wir auch noch, aber zuerst die graue Theorie und eine Erinnerung an unsere im Vorfeld angelegte Arbeitshypothese, ob sich einander fremde Menschen in der Lage sehen, in einer politisch fragilen Zeit gemeinsam und eigenständig zu handeln. So sollten

---

[3] Auch wenn die vierfache Unterteilung dem Ausdruck nach teilweise gewöhnungsbedürftig ist, so brauchen wir, wie bereits erwähnt, auch hier in einem kleinem Maße neue Begriffe, um in unserem Alltag das aufkommende Neue bestmöglich auch begrifflich fassen bzw. *begreifen* zu können. Wenn Sie meinen andere Termini wären sinnvoller, kein Problem!

wir uns im Rollenkontext fragen, was es denn zur erfolgreichen Gruppenbildung bedarf.

Diese Funktionen sollten insbesondere von all denjenigen ausgelotet werden, die sich möglichst bewusst in einer dieser Rollen wiederfinden, wenn eine Gruppenbildung im Sinne gemeinsamer Handlungen überhaupt Sinn machen soll. Und wonach strebt ein politisch motiviertes Netzwerk denn schlussendlich?

Ist nicht Gruppenbildung in ihrer Konsequenz stets gemeinsames Handeln bzw. funktionale Erfüllung, beispielsweise in Form von Nachbarschaftshilfe oder Selbstversorgung? Dass dazu die passenden Charaktere ihre Funktionen wirklich bewusst annehmen, wird dann das Ergebnis einer Rollenverteilung und folglich eine Bedingung einer erfolgreichen Gruppenbildung sein.

Bitte einmal aus der Sicht der eigenen Erwartungshaltung darüber nachdenken, was man sich eigentlich in ambivalenten Zeiten von einer politisch-motivierten Gruppe erhofft bzw. verspricht!

Um es klar zu sagen, alle vier Funktionen und ihr Zusammenspiel stehen für eine langfristig erfolgreiche Gruppen- und Projektentwicklung. Und umgekehrt: Diese Rollen stellen eine Beschreibungs- und Bewertungsinstanz dar und können unter Berücksichtigung ihrer Funktionen helfen, möglichen Differenzen im Diskurs frühzeitig entgegenzutreten.

Wir sprechen, um dies hier zu unterstreichen, im Zusammenhang mit politisch motivierten Gruppen ganz besonders von langfristigen Entwicklungen. Schlussendlich sollte es trivial anmuten, *nur zunächst* die Dauer eines derartigen Vorhabens von der zeitlichen Reichweite des Anlasses abhängig zu machen.

Fahren wir fort und beschreiben bzw. charakterisieren die vier funktionalen Rollen:

1. Progression

Die Progressoren sind zuallererst Macher und ohne Macher passiert nichts. Sie sind die Aktiven der Aktiva. Die zügige und umfängliche Umsetzung spielt hier die Hauptrolle. Der Progressor bemisst den Erfolg nach Zielerreichung, hangelt sich von Etappe zu Etappe und betätigt sich parallel auf verschiedenen Ebenen. Dabei agieren Progressoren allein oder hinreichend organisiert energiesparend mit anderen Progressoren oder Unterstützern. Der Stillstand der Entwicklung liegt für sie im Ausbleiben eines konkret erkennbaren Fortschritts.

Progressoren sind damit liberal verändernd ausgerichtet. In ihren Augen stellen starre Vereinbarungen und Regeln mittelfristig Einschränkungen dar, die sich störend auf die Herbeiführung von Veränderungen auswirken.

Progressoren sind ihrer grundsätzlichen Funktion als Vorreiter nach unersetzlich. *Sie dürfen sich allerdings nicht selbst unersetzlich machen!* Ein überaus pikanter Unterschied.

Ein einmal aufgebautes Konzept darf nicht zusammenfallen, nur weil eine Person (z.B. wegen Krankheit) ausscheidet. Das macht langfristig ein Projekt ungemein angreifbar und potenziell instabil. Eine Reihe von Aspekten des gemeinsamen Handelns sollten deswegen auf mehrere Schultern verteilt werden und verteilt bleiben. Geht dies nicht, dann gelangt das Projekt bald an eine physische Grenze und die hohe Anfälligkeit rächt sich im Laufe der Projektentwicklung.

Ebenso sollten alle Mitglieder der Aktiva sich dahingehend bewusst sein, dass sie die Verantwortung für das progressive Handeln innerhalb des Projektes mittragen. Dadurch wird die Augenhöhe aller Gruppenmitglieder hergestellt und auch ein Progressor wird diese in einem konsensorientierten Ansatz anerkennen und sich nach ihr richten müssen. Eine immense Lernkurve für alle Macher!

3.2. VIER FUNKTIONEN – EIN ÜBERBLICK

In gesellschaftlichen Umbruchphasen können Progressoren gegenüber der Gruppe stets mit dem Gebot der Dringlichkeit argumentieren. Derartig labile gesellschaftliche Situationen sind natürlich Phasen der Veränderung und somit auch die Stunde der Macher.

Progressoren sind es, die Fakten schaffen, die Legitimierungen und Regelungen im Diskurs erfordern, was die Gruppe verständlicherweise vor große Herausforderungen stellt.

Gerade konsensorientierte Gruppen werden mit vom Progressor vorgeschobenen Fakten schnell herausgefordert sein, wenn dem gemeinsamen Handeln ein Konsens vorausgehen soll.

Deswegen ist die Gruppe ständig aufgefordert, die Handlungen mit dem vorherigen Konsens (um der Diskursstabilität willen) zu prüfen. Letztendlich spielt die geteilte „Anschauung"[4] aller Mitglieder die tragende Rolle.

Die Dringlichkeit der Handlungen steht, wie bereits erwähnt, für den Progressor im Vordergrund. Wir wissen, dass Macher Experten in Fragen der Selbstmotivation sind, deswegen sind sie ja gerade Macher. Sie können sich motivieren, zu handeln.

Dies entbehrt allerdings nicht der Frage, *warum* sie in der Gruppe so handeln. Hier bedarf es der durchgängigen Klarheit aller Mitglieder, um ein *über-die-Stränge-schlagen* des Progressors zu vermeiden. Jenseits des Konsens motivierte Initiativen des Progressors können auch zur Belastung des Diskurses werden. Oder anders: Entlarvte Progression jenseits eines Konsens kostet in einer Gemeinschaft zwangsläufig Vertrauen.

Denn: Das Verhältnis der geteilten, politischen Gruppenmotive mit persönlichen Intentionen müssen im Diskurs lückenlos geklärt sein,

---

[4]Dazu kommen wir gleich im Anschluss.

ansonsten kann es gegenüber dem Gruppenkonsens zu weitreichenden Missverständnissen bzw. Brüchen kommen.[5]

Eine mögliche Folge: Der Progressor webt eigenständig Inhalte in das Gruppenvorhaben ein, die seiner Auffassung notwendigerweise vorkommen sollten, aber vermeintlich nicht unbedingt mit den anderen Gruppenmitgliedern in einem „vorherigen" Konsens abgestimmt werden müssen. Vorsicht!

Der Wunsch nach Konsens weicht bei Progressoren stets zuerst, denn Konsens kann in den Augen des Machers verzögern. Und spielen dabei unausgesprochen auch persönliche Motive (gar Bedürfnisse) eine Rolle, dann scheiden sich früher oder später die Geister.

Die Gefahr eines gewissen Tunnelblicks ist hier nicht ganz von der Hand zu weisen, wenn eine gemeinsame Zielfeststellung oder Entscheidung durch die Progressoren vorgefällt wird. Es gilt: Wenn in einer derartigen Situation der Diskurs (jenseits eines Konsens) dennoch stabil bleibt, dann gelingt dies eigentlich nur durch Hörigkeit gegenüber dem Progressor – nicht durch Augenhöhe! Und Hörigkeit und Abhängigkeit vom Progressor sind sicherlich keine guten Voraussetzungen innerhalb eines konsensorientierten Diskurses.

In diesem Punkt müssen Mitglieder der Aktiva und Kerngruppen bzgl. ihrer Wahrnehmung immens mit den Progressoren mithalten, sonst wird er durch die Einschränkungen demotiviert, löst die Gruppe von störenden Mitgliedern oder macht sich mit dem Projekt auf und davon.

Diese Gefahr besteht, ohne etwas unterstellen zu wollen, weil Progression für Progressoren nun einmal für Bewegung und Veränderung steht. Wichtiger sind hingegen seine unersetzlichen Eigenschaften, ohne die eine Gruppe sich nur arg verzögert vom Fleck

---

[5]Siehe „Motivationsschlüssel" im letzten Kapitel.

bewegen kann, wenn überhaupt. Wiederholt durfte ich feststellen, dass sich Netzwerke aufgrund von Progressorenmangel auflösten. Keine Macher, kein Fortschritt!

2. Konzeption

Als Konzeptionisten können wir die Charaktere bezeichnen, die einen Gruppenbildungsprozess abstrakt, ganzheitlich, konsequenzialistisch nach Nutzen und gegen Risiken abwägen (siehe das Beispiel des fünften Freundes). Eine Entwicklung und ihre Grenzen geistig gegenüberzustellen, ist in der Regel eine Aufgabe der „Intellektuellen". Hier steht häufig der Diskurs und der Prozess seiner Entwicklung eher im Vordergrund, während der Progressor der Erreichung von Zielen eine höhere Priorität zuschreibt.

Man kann handeln und man kann Handlungen interpretieren. Die Interpretation ist selbst eine Handlung und kann ebenso energieaufwendig betrieben werden – wie die zu interpretierenden Handlungen selbst. Aus den Handlungsmöglichkeiten durch die mitgebrachten Kompetenzen der Mitglieder lassen sich schnell ein Konzept entwickeln.

Im Vergleich zum Progressor bemüht sich der Konzeptionist, einen für alle orientierenden Rahmenbezug herzustellen. Dabei sind Konzeptionisten noch am ehesten bereit, gegenüber Handlungen auch mögliche Konsequenzen (in Form von sinnvollen Optionen und Risikoeinschätzungen) mitzuberücksichtigen.

Was immer die Gruppe erreichen möchte, es sollte im Wesentlichen den Kompetenzen und dem gemeinsam gefundenen Konsens der Beteiligten entsprechen. Nichts sollte entstehen, was die Fähigkeiten und den Entscheidungswillen der Mitglieder übersteigt. Ein gruppenadäquates Konzept berücksichtigt diese Einsicht.

Ergo kann der Gruppe nur das gelingen, was durch die Konstellation der Kompetenzen und im Konsens möglich wurde. Hier kann der Konzeptionist die Rollen als Kontroll- bzw. Klärungsinstanz, Risikomanager oder Narrator des Konzeptes einnehmen.

Neutralität gegenüber der Gruppen- und Projektentwicklung und ein strategisches Bewusstsein im Hinblick auf die Genese beider Entwicklungsebenen sind für den Konzeptionisten charakteristisch. Nicht zuletzt wird innerhalb dieser Rolle Projekt- und Gruppenentwicklung anhand eines Konzeptes abstrahierend interpretiert, didaktisch einer Aufarbeitung unterzogen und dokumentiert werden.[6]

Für diesen Funktionstyp spielen die getroffenen Vereinbarungen und Regeln in einer Gruppe weniger inhaltlich eine Rolle, sondern es stehen die formalen Bedingungen ihrer Einhaltung durch alle Gruppenmitglieder im Vordergrund. Somit werden Konzeptionisten im Laufe eines Gruppenbildungsprozesses und der damit zusammenhängenden sachlichen Projektumsetzung eine konservativ bewahrende Rolle im Diskurs einnehmen.

Dabei stellt die Konkretisierung eines vorgefertigten Konzeptes jeden Konzeptionisten vor eine Mammutaufgabe. Es gilt hier: Kein Konzept wird so umgesetzt, wie es gedacht war. Konkretion steht jedem Konzept recht unversöhnlich gegenüber, wenn sie durch einen konsensorientierten Diskurs nicht aufgefangen wird.[7]

Ein Tunnelblick des Konzeptionisten kann sich ergeben, wenn die theoretischen Ansprüche die Entwicklungen des Diskurses nicht adäquat einbinden oder sich, dem Progressor gleich, persönliche Motive einschleichen. Gerade bei den ersten beiden Rollentypen gilt dieser Aspekt als besonders heikel.

---

[6]Daraus können u.a. Buchprojekte, wie dieses hier entstehen.
[7]Zur Konkretion auf Seite 149.

3. Moderation

Während Progressoren und Konzeptionisten u.a. eine Pionier-, Impulsgeber- oder Regulationsrolle erfüllen, so dass ihre Tätigkeit häufig einen Initialcharakter in sich trägt, so kommen im Gegensatz dazu den Moderatoren und Organisatoren Umsetzungs- und Bewahrungsaufgaben zu, ohne die es keine Beständigkeit im Projekt (und schlussendlich dann auch nicht in der Gruppe) geben kann.

Die Moderatoren widmen sich zunächst stets der Diskursstabilität insbesondere nach dem das entwickelte Konzept tatsächlich auch im Konsens umgesetzt werden soll. Sie bringen sich u.a. als Schlichter oder als allgemeine Moderatoren bei Gruppentreffen, nach außen und vorläufig als Diskursbewahrer[8] ein.

Die Moderatoren moderieren entlang von Vereinbarungen und Regeln strukturiert nach dem Konzept und stellen Konfliktpotenziale im zwischenmenschlichen Bereich fest. Empathie, Authentizität und ein Gespür für die Situation kennzeichnen die Moderatoren.

Hierbei ist zu beachten, dass Projekte bei der erfolgreichen Besetzung der funktionalen Rollen auch zügig an Komplexität gewinnen können. Die Projekterfordernisse an die Gruppe weiterzuleiten und auch hier zu moderieren, ist Aufgabe der dritten funktionalen Rolle.

Gleichzeitig können Moderatoren auch außerhalb der Gruppe eine dauerhafte Schnittstelle darstellen. Sie wahren nach innen und nach außen die Kommunikationsebenen im Sinne des Konzeptes unter Berücksichtigung der Stabilität des Diskurses. Diese Funktion gegenüber dem letztgenannten Aspekt teilen sie natürlich mit

---

[8]Schlussendlich kommt die verantwortungsvolle Aufgabe der Diskursbewahrung allen Mitgliedern zu. Diese vielleicht anfänglich empfundene Bürde führt zur Selbstdisziplinierung und Anerkennung des Diskurses. Nichts kann inhaltlich einem persönlichen Bedürfnis nach eine gute Ideen sein, wenn daraufhin die Stabilität des Diskurses riskiert wird. Hier ein Gruß an alle Macher!

der ganzen Gruppe, aber die Fähigkeiten und Fertigkeiten zur Klärung unter moderatorischen Gesichtspunkten entsprechen nicht dem Wesen aller Gruppenmitglieder im gleichen Maße.

Deswegen treten Moderatoren wohl durch ihre Eigenschaften kommunikativ und empathisch operativ in den Vordergrund und stellen damit ein kontinuierliches Bindeglied zwischen allen Rollentypen dar.

4. Organisation

Die Organisatoren widmen sich mit ihren Fähigkeiten weniger dem Diskurs als den Sachebenen, auf denen sie in festen Rollen und ihrem Wesen nach tätig sind. Die Progressoren leiten durch sachliche Vorgaben die Umsetzung ein, doch die Organisatoren füllen diese Vorgaben (wie die Moderatoren) operativ mit Leben und setzen damit die Grenzmarker des technisch Machbaren. Progressoren können bestenfalls eine Vielzahl von Projektmöglichkeiten anstoßen, doch die meisten Anläufe scheitern an der organisatorischen Unterstützung bzw. zunächst einfach an „Manpower".

Gern schließen Progressoren und Konzeptionisten in Bezug auf Motivation und Autodidaktik von sich auf andere. Hier müssen die Moderatoren und Organisatoren rückmelden, wie weit diese Rückschlüsse eigentlich sinnvoll und erfüllbar sind.

Verwendet man die Metapher einer Tunnelbohrung, dann wären die Progressoren die Bohreinheiten, während die Organisatoren die Gänge stützen und im Sinne ihrer weiteren Aufgaben die Tunnel fleißig nutzen. Und nochmal: Im Rahmen des Möglichen, will sagen während einer Konkretisierung eines Konzeptes, wird das Machbare später nicht durch die Progressoren, sondern durch die Organisatoren umgesetzt werden.

82

Die konkreten Ausprägungen lassen sich hier natürlich wenig charakterisieren, weil die Organisatorenrollen von den Inhalten der jeweiligen Gruppe abhängen. Organisatoren haben später für Projekte den Hut auf, übernehmen somit teilweise auch eine neue Form der Verantwortung für das jeweilige Projekt. Nicht selten sind Organisatoren ebenfalls Macher, aber eben nicht in der Rolle des Progressors. Man könnte sagen, sie machen mit. Und ohne „Mitmacher" gelangt jede Gruppe sehr schnell an ihre physikalischen Grenzen, denn ein Progressor allein kann vergleichsweise wenig bewegen.

Bevor wir die vier Funktionstypen weiter beschreiben, halten wir uns zunächst an folgende Devise:

Kommunikation vor Organisation!

Es ist nicht schwierig einzusehen, dass in einem stabilen Diskurs alles umgesetzt werden kann, solange die angestrebten Ziele den Kompetenzen und Kapazitäten der Mitglieder entsprechen *und das Vorhaben hinreichend klar kommuniziert wurde.*

In diesem Kontext gilt aber eben nicht, *leichter gesagt als getan*, sondern viele Taten führen zu nichts, weil sie nicht zuvor adäquat besprochen wurden. Der klassische Fall: Aktionismus.

Jedes Missverständnis, das während der konkreten Umsetzung zu Tage tritt, bestätigt diese Aussage und zieht wahrscheinlich weiterführende Belastungen des Diskurses nach sich. Mögen Missverständnisse noch zu den harmloseren Situationen gehören, so verkraften Diskurse auch davon nur endlich viele. Hier müssen die Konzeptionisten und Moderatoren ganz besonders auf der Hut sein.

Neben dem Hinweis in Bezug auf kommunikative Klarheit sind mehrere weitere Punkte zu beachten. Der erste gilt für die Progressoren und Konzeptionisten gegenüber der Aktiva im Besonderen, aber auch für die Aktiva gegenüber dem gesamten Netzwerk im

Allgemeinen: Man geht in diese Rollen nicht primär, um sich selbst zu entdecken, zu beweisen, allgemeine Bedürfnisse zu erfüllen, zu therapieren, Aufmerksamkeit oder Anerkennung zu erfahren, seiner Einsamkeit zu entgehen oder auf Kosten anderer Vorteile zu ergattern. Die Gründe sollten vorrangig mit dem politischen Anlass zu tun haben und was sich schlussendlich daraus organisatorisch ergibt, sollte einem Konsens entspringen. Dazu gehört gegenüber den aufgezählten Punkten eine Portion Selbstdisziplin und -kritik.

Nur so kann man in Verbindung mit dem Anlass als allgemein anerkannten Grund während der Gruppenentstehung auch hinlänglich sachlich bleiben. Eine intransparente Vermischung zwischen Anlass und persönlichen Motiven wird auf der Ebene der Aktiva mittelfristig zu Missverständnissen, Kollisionen, Unmut und Vertrauensverlust führen.

Derartige Konkurrenzsituationen können sich nur dann einstellen, wenn egoistische Motive für die Betreffenden eine maßgebliche Rolle spielen, die nicht zuvor mit der Gruppe und dem vorhandenen Konsens in Einklang gebracht und fatalerweise nicht im Diskurs kenntlich gemacht wurden. Haben wir mehrere Vertreter dieser Art in einer Gruppe, dann wird am allgemeinen Anlass vorbei oder gar in dessen Namen miteinander um XY konkurriert. Oftmals bleibt unausgesprochen, worum es in der bis zum Disput reichenden Konkurrenz eigentlich geht.

Sehr gern wird davon ausgegangen, wenn man sich nur ein wenig besser kennenlernt und zunächst über den äußeren Anlass ein Netzwerk ins Leben gerufen hat, dass dann die größte Hürde genommen wurde – diese Ansicht kann sich als ein nachhaltiger Irrtum herausstellen.

Im weiteren Verlauf spielt zunehmend die Stabilität des Diskurses die Hauptrolle, denn mitnichten wird die Bewahrung der Stabilität mit der Zeit einfacher. Schließlich lernen sich die Gruppenmitglieder über die Zeit näher kennen und die biografischen Differenzen treten unweigerlich hervor.

Mit der zwischenmenschlichen Annäherung treten auch die persönlichen Motivationen sowie Menschen- und Weltbilder jedes Einzelnen in den Vordergrund, die durch unsere Beziehungsgewohnheiten einen starken Einfluss auf den Diskurs haben. Das politische Vorhaben, bei all den mannigfaltigen Vorstellungen und Prägungen von Beziehungsformen, z.b. auf ein Familienmotiv abzustellen, halte ich für riskant. Damit wir alle eine Familie sein können, müssten wir eine Anschauung in Bezug auf ein Familienkonzept miteinander teilen. Im Hinblick auf eine alternative Gesellschaftsform sicherlich eine interessante Herausforderung für die Beteiligten, aber im Verlauf einer Projektumsetzung nicht unbedingt hilfreich.

Spätestens wenn wir auch arbeitstechnisch miteinander auskommen müssen und für andere dahingehend Verantwortung übernehmen, würde ich zunächst andere Modelle als abstrakten Neuansatz vorziehen.

Die konkrete Umsetzung eines Projektes innerhalb eines gleichzeitigen Gruppenbildungsprozesses fordert alle Beteiligten, bis sich eine stabile Rollenverteilung eingespielt hat. Die Rollenverteilung dient in erster Linie der strukturellen Entlastung des Diskurses. Doch bis dieser Zustand erreicht ist, ist es noch ein weiter Weg – gerade dann, wenn Rollen von den Beteiligten neu erlernt werden müssen und sich erste Fehleinschätzungen und -entscheidungen zeigen.

Sehr häufig bilden sich nicht nur neue Bekanntschaften innerhalb eines Gruppenbildungsprozesses, sondern man kommt auch mit neuen sachlichen Aspekten in Berührung, die im vorherigen Alltag bei so manchem geforderten Gruppenmitglied nicht vorhanden sind. Eine nicht selten unterschätzte Herausforderung, die aus der Erinnerung heraus in zahlreichen Gruppenbildungsprozessen so manches Mitglied überforderte. Schnell wird sich freiwillig gemeldet und im Nachhinein bereut man die eigene Entscheidung.

Die Gefahr, dass die sachliche wie auch die zwischenmenschliche Konstellation zügig zu Überforderungen führten, äußerte sich nicht selten darin, dass getroffene Vereinbarungen möglicherweise zügig zustande kamen, aber ihre prompte Nicht-Einhaltung einen Verlauf des Scheiterns dokumentierte. Um dieses Resultat weitgehend zu vermeiden, können klarere Rollenvorstellungen den Gruppenbildungsprozess konstruktiv stützen.

Und wo würden Sie sich einordnen?

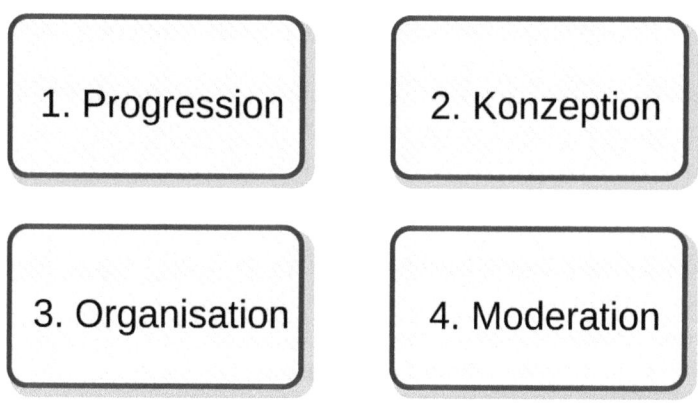

Abbildung 3.2: Vier Funktionstypen

3.3 Ein Ideal (I): Die diskrete Bahn (der Gruppe)

Nach all den wenig ermutigenden Formen des „Menschelns", trockenen Termini und Rollenbeschreibungen folgt nun eine ideale Vorstellung. *Mal angenommen, alles läuft glatt. Alles!*

Für dieses ideale Bild verwende ich den Ausdruck *diskrete Bahn*. Ursprünglich kommt dieser Begriff aus *dem Physikunterricht meiner eigenen grauen Schulzeit*. Wenn ich mich recht entsinne, befinden sich Elektronen (bis sie Energie abgeben oder aufnehmen) auf sehr stabilen, eben diskreten, Bahnen. Auf diesen Bahnen würde ich gern sowohl Gruppen als auch die Mitglieder der Aktiva sehen, dann kämen wir ein gutes Stück voran.

Dann schauen wir uns doch an, wie eine derartig *diskrete* Gruppe aussehen kann und setzen in der folgenden Kurzzusammenfassung alle möglichen Bedingungen auf grün, welche somit erfüllt sind. Wohl an...

Also ein politischer Anlass führt etwa einhundert kritische Mitbürger zusammen. Es existieren Räumlichkeiten, man trifft sich regelmäßig und die Einigkeit gegenüber den gesellschaftlichen Umwälzungen setzt gestalterische Kräfte frei.

Es beginnt netzwerkweit mit unumstößlicher Sympathie und einer Unmenge an vorgeschossenem Vertrauen. Dieses Netzwerk wird nicht unterlaufen, auch entsteht kein Missmut darin, keine enttäuschten Erwartungshaltungen kommen auf, keine „Ego-Rangeleien" etc. Man macht zusammen (egal was) und das daraus resultierende Gefühl trägt.

Jedes Treffen macht sowohl zwischenmenschlich als auch konzeptionell Sinn. Die Aktiva findet sich rasant und es ist eine bemerkenswerte Zusammensetzung von unterschiedlichsten Charakteren, die sich nach allen Regeln der Vernunft ergänzen – und nach den vier Rollentypen natürlich.

Die Auslotung der Kompetenzen und Kapazitäten innerhalb der Aktiva lässt eine Reihe von Projekten möglich werden. Jedes Projekt ist aufgrund der Kompetenzen der Mitglieder kein Hexenwerk und absolut realistisch. Und: Niemand ist unersetzlich! Bei Ausfall bieten sich mindestens zwei Mitglieder an, zu vertreten. Man unterstützt sich gegenseitig. *Gemeinsam ist alles möglich!*

Über die Zeit entstehen Freundschaften und Kompetenzen fangen an zu wandern. Jeder hat überall schon einmal mitgeholfen.

Man teilt gemeinsame Rahmenvorstellungen, was Konsensentscheidungen im Alltag möglich macht und das zunächst neue Niveau des Diskurses wird zum Alltag und bleibt stabil, denn alle achten darauf!

Daraufhin werden dem Netzwerk Angebote seitens der Aktiva unterbreitet und die Passiva entscheidet sich quasi einstimmig für zwei Projekte. Die anderen Vorschläge kommen in die Schublade und können auch später erneut angeboten werden. Niemand ist enttäuscht, dass etwas nicht geschieht, denn die Einsicht wird von allen Teilnehmern im Netzwerk geteilt, dass sich nicht alle Projekte zu Beginn gleich gut eignen und man besser mit zwei Projekten anfangen sollte und dabei erfolgreich zu sein. Schritt für Schritt halt.[9]

Die beiden Projekte schaffen Vertrauen zwischen Aktiva und Passiva, die eigentliche Währung in einem Gruppenbildungsprozess – auch

---

[9]Es wird eben nicht alles Mögliche zu Beginn getan: Mit fünf Projekten zu starten, während dann zwei kläglich scheitern (Unmut käme wohl zwangsläufig auf), eines auf der Kippe steht und die beiden vorderen Projekte werden mangels Beteiligung bei Weitem nicht so gut laufen, als hätte man sie zunächst allein auf den Weg gebracht. Erste Erfolge helfen der Gruppenbildung und es müssen nicht viele sein.

über die Kerngruppe hinaus. Über die Zeit wird diese Form von innerer Stabilität von außen als Integrität erkennbar.

Es bieten sich Gelegenheiten zur Erweiterung und es verstetigt sich eine klar strukturierte Sichtweise der Selbstorganisation innerhalb der Aktiva. Großzügigkeit ohne Neid zeigt sich von außen und die nun erfolgreiche und zusammengeschweißte Gruppe fängt an, mit anderen Gruppen erfolgreich zu kooperieren.

Optionen sind nun geschaffen: Von allen Formen des organisierten politischen Widerstandes, der Selbstversorgung oder auch Flucht ist nun alles möglich. Wir fühlen uns dem Staat gegenüber nun nicht mehr ohnmächtig. Es formen sich eigenständige Vorstellungen einer gerechteren Gesellschaft und zwar *innerhalb* der Gesellschaft selbst.

Der ursprüngliche politische Anlass wird zu dem, was er eigentlich immer war, lediglich ein Anlass. Längst ist man von der Richtigkeit des eigenen Handelns überzeugt und macht das gemeinsame Voranschreiten nicht mehr von irgendeinem Katastrophenszenario abhängig. Es wird nun „Etwas" aufgebaut und alle erkennen den Selbstzweck.

Und wenn die selbstgestaltete Freiheit uns rückblickend die Neue Normalität als Drangsal, Bevormundung und Ohnmacht erscheinen lässt und die Rückkehr in die alte Welt nun wenig wünschenswert anmutet, *dann haben wir alles richtig gemacht!*

Was geschieht, wenn dieser Prozess sich weiter ungestört fortsetzen darf? Dann haben wir eine Plattform für einen gesellschaftlichen Neuansatz, der als Lernresultat auf die Probleme unserer Zeit verstanden werden kann. Selbst eine neue Gesellschaftsform kann Folge dieses Prozesses sein. Doch fest steht:

Es begann mit einer erfolgreichen Gruppenbildung.
Wie soll es denn auch anders sein?

3.4 Ein Ideal (II): Die diskrete Bahn (der Mitglieder)

Wenn das Bild der diskreten Bahn, auf die Gruppe angewandt, verstanden wurde, dann gilt dies natürlich auch für ihre Mitglieder.

Jedes Mitglied bringt sich nach seinem Wesen, Kompetenzen und Kapazitäten ein. Keine Überforderungen! Wir brauchen keine Helden, die alles gegeben und sich dann übernommen haben. Wir benötigen kontinuierliche Unterstützung und zwar von den Mitgliedern, denen diese Art von Handlungen leicht fallen. Dies sind ja gerade die Kompetenzen, die eine Reihe bestimmter Projekte möglich werden lassen.

Solange wir gemeinschaftlich etwas auf die Beine stellen wollen, machen wir viele Dinge sehr gern, selbst wenn das Eine oder Andere etwas ungewohnt ist. Innerhalb des gemeinschaftlichen Handelns lernen wir alle dazu und zeigen uns in einem konsensorientierten Diskurs gegenüber verschiedenen Aufgaben durchaus tolerant.

Und währenddessen können wir auf der eigenen diskreten Bahn, einem kleinen Refugium gleich, uns einrichten und von dort aus den Diskurs der Gruppe verfolgen.

Jedes Mitglied fühlt sich akzeptiert und kann, ohne Repressalien fürchten zu müssen, offen seine Sichtweise in den Diskurs eingeben. Dem Diskurs werden damit unterschiedlichste (bestenfalls autonome) Perspektiven zur Verfügung gestellt.

Jede Perspektive ist in einer heterogenen Gruppe Gold wert, wenn die Mitglieder lernen, um der Diskursstabilität willen, die anderen Perspektiven so zu schätzen, wie die eigene.

3.4. EIN IDEAL (II):
DIE DISKRETE BAHN (DER MITGLIEDER)

Das Richtige und Wichtige definiert sich durch das gruppenspezifisch Mögliche und alle Einzelerwartungen der Mitglieder passen sich der Gruppenkonstellation samt ihrer Möglichkeiten an.

Auf die Frage, ob die Gruppe ihre diskrete Bahn erreichen muss, damit die Mitglieder ihre erlangen können (oder umgekehrt), geht von einer zwingenden Reihenfolge aus, die ich selbst nicht erkennen kann. Während die Gruppe sich entwickelt, entwickeln sich die Mitglieder (und umgekehrt). Die Mitglieder, wenn sie denn offen für Entwicklung sind, entwickeln sich über die Projekte der Gruppe und somit die Gruppe als Ganzes.

Wichtiger wird die Frage sein, was es schlussendlich bedeutet, wenn eine heterogene, also eine bunt vom Zufall durchgewürfelte Gruppe diese Entwicklung erfolgreich durchläuft. Wen braucht es dann noch zu unserem Glück (oder zunächst zu der Abwendung unseres Unglücks)?

Wollen wir eine gerechtere Gesellschaft? Für mich kann es nur eine gerechte Gesellschaft geben und die hebt das Individuum und sein Potenzial an die Spitze der gesellschaftlichen Prioritäten. Nicht alle Menschen sind in allen Dingen gleich gut. Das schließt aber nicht bestmögliche Förderung der Individualentwicklung aller aus. Und davon sind wir mit unserer aktuellen Gesellschaft sehr weit entfernt: Es müsste einleuchten, dass Allgemeinwohl nur auf bestmöglichem Individualwohl basieren kann.

Wenn die Gesellschaft lernt, sich zu organisieren, dann müssen Formen struktureller Ungerechtigkeit nicht unbedingt alternativlos sein. Sie werden es aber bleiben, solange wir meinen, Organisation und Kooperation können nur andere – und nicht wir. Wir sollten uns unsere Speziesbegabungen nicht selbst absprechen, das tun (zu ihrem eigenen Vorteil) bereits andere. Aber diese Behauptung ist einfach nicht wahr!

Wären wir uns dessen bewusst, dann würden wir in heterogenen Gruppen ganz selbstverständlich die eigene diskrete Bahn anstreben und wissen, wann wir sie erreicht haben. Diesen Prozess würden wir auch anderen zugestehen, ohne dass man sich gegenseitig auf die Füße tritt.

Wie effizient wäre Gruppenbildung, wenn in Zeiten der Not Teile der Gesellschaft wie selbstverständlich in Windeseile eine alternative Plattform erzeugen, die die zu erwartenden Repressalien einfach abfängt? Wenn dieselben Gruppen problemlos Lücken an Bedarfen selbst schließen lernen und nicht auf dritte Instanzen angewiesen sind? Wenn man die eigenen Kinder sich frei entfalten ließe und ihnen bestmögliche Förderung zuteil werden lassen würde, fernab von Institutionen, die einzigartige Individuen zu Massen werden lassen und sie später genauso auch behandeln.

Bis schlussendlich die Kriege und Krisen kommen, und gegen jede Menschenwürde sogar getötet wird, während in der Geschichte Massentötungen noch nie juristisch adäquat verfolgt wurden.[10] Hier sollten die Gesellschaften zügig dazulernen, bevor sie zu überflüssigen Massen werden. Bedenken Sie: Die Verdopplung der Weltbevölkerung von drei auf sechs Milliarden benötigte lediglich vier Jahrzehnte. Gegenmaßnahmen werden in jedem Fall ergriffen werden müssen, wenn sie denn nicht längst ergriffen wurden.

Vielleicht endet dieser Abschnitt mit einer wenig erfreulichen Kunde, aber vielleicht sieht der geneigte Leser darin einen „Anlass" zur eigenen Initiative. Nur so entstehen Gruppen: Aus der Initiativbereitschaft gleichgesinnter Menschen.

---

[10]Geht so etwas überhaupt?

3.5 I: Was können wir tun? Lernen! (Schnelleinstieg)

(Anlass) ⇒ **Netzwerk** ⇒ **Gruppe** ⇒ (Gemeinschaft)

Welche evolutionären Schranken der Mensch überschritten hat und damit alle anderen Spezies überflügeln konnte, darüber kann man trefflich streiten. Aber die Fähigkeit, über Anlässe einander zu finden und ein gemeinsam koordiniertes Handeln anzustreben, dürfte ein Meilenstein für unsere Spezies sein.

Worin auch immer dieser Anlass bestehen mag, ein verbindendes Interesse, eine gemeinsam wahrgenommene Bedrohung oder eine einfache Situation des Alltags, die die Gleichgesinnten zueinanderbrachte, führte zu einer typisch menschlichen Option mit immenser Reichweite.

Diese Fähigkeit sticht hervor. Darauf können wir auch absolut stolz sein. Ob nun Familien, Freundschaften, Nachbarschaftshilfe, Vereine, Parteien, Aktienkonzerne, Glaubensgemeinschaften etc. Es ist diese speziesimmanente Möglichkeit des Zusammenschlusses zum gemeinsamen Handeln, die uns auszeichnet und worum es (nur menschlich) auch hier gehen muss.[11]

Dabei existiert eine Fülle von Organisationsformen, die bereits entwickelt wurden, doch nur selten, wenn überhaupt, gehen organisatorische Handlungen von unbedingten Voraussetzungen aus. Ein Beispiel: Mehrere **motivierte** Mitmenschen finden sich zusammen, um ein gemeinsames **Interesse** zu verfolgen, eine Firma zu gründen, um möglichst wirtschaftlich erfolgreich zu sein und über diesen **Konsens** das gemeinsame Handeln auszurichten.

---

[11]Denn leider wendet der Mensch diese wunderbare Gabe auch gegen die eigene Spezies an.

93

Für derartige Zusammenschlüsse gibt es in einer zivilisierten Gesellschaft Gesetze, Steuerberater, Ämter, Aufsichtsbehörden, Rechtsbeistand etc. Niemand würde in einem zivilisierten Rechtsstaat eine offizielle Körperschaft (im Sinne einer Firma) am Staat vorbei gründen können. Jedwede Interessens- und Organisationssituation soll schließlich vom Staat abgedeckt werden und kontrollierbar sein. Warum?

Eine Antwort: Um Privilegien und Interessensphären zu wahren, die alleinig in der Lage sind, in Rechtsstaaten einen Notstand auszurufen, einen Krieg zu beginnen, eine Krise zu erklären oder Gesellschaften weitere Konsequenzen des Status quo aufbürden zu können.

Und da längst medial von globaler Wahrung von Interessen gesprochen wird, so ist der Eindruck des Globalismus nicht gänzlich von der Hand zu weisen. Ein Schritt in diese Richtung: Wenn die EU etwas beschließt, dann haben die europäischen Staaten zu folgen. Ganz ähnlich gilt dies auch für globale Institutionen (wie IWF oder WHO). Die Interessenwahrung findet also längst auf der globalen Bühne statt – dazu zählen auch die jüngsten Ereignisse. Dies ist alles zwar kein Geheimnis, aber es bedingt normalerweise unseren Alltag so gut wie nicht, zumindest wenn die anerzogenen Scheuklappen ihre Funktion erfüllen.

Zwar gibt es auf politischer Ebene bereits Vorgaben, die über Wahlen, Demonstrationen, Petitionen bis hin zu Parteigründungen alles Gesellschaftsrelevante hinreichend lenken sollen. Doch wie organisiert sich ein Teil der Gesellschaft jenseits einer derartig vorgefertigten Folie, wenn beispielsweise die Lebensbedingungen künstlich verändert werden und weder politisch noch ökonomisch darauf von gesellschaftlicher Seite reagiert werden kann bzw. darf? Hier geht der Staat im Hinblick auf eine brisante politisch-gesellschaftliche Situation in eine extrem wichtige Rolle als Gradmesser für Gerechtigkeit ein.

3.5. I: WAS KÖNNEN WIR TUN? LERNEN!
(SCHNELLEINSTIEG)

Einmal direkter gefragt: Wer schützt uns eigentlich vor dem Staat? Worauf kann eine Gesellschaft zurückgreifen, wenn institutionelle Instanzen merklich nicht mehr ihre ursprünglichen, gesellschaftlich wahrenden Funktionen erfüllen? Die Schicht zivilisatorischer Sicherheit ist hauchdünn und (nur scheinbar) unvorhersehbare Katastrophen führen rasant an die Grenzen des Staates. Und wie oft hieß es bereits, besondere Situationen erfordern besondere Maßnahmen?

Wer schützt uns vor staatlicher Korruption? Eine schwierige Frage, da sie das normalerweise nicht korrumpierte System als Normalfall voraussetzt. Wer sich länger mit diesen Themen beschäftigt, verspürt diesbezüglich Unbehagen, da Korruption (in Form von informellen Anreizen) einen festen Stellenwert in fast allen politisch-ökonomischen Fragen inne hat – *nicht nur in der Geschichte!* Auch das ist Zivilisationsentwicklung. Darauf sollte durchaus gefragt werden dürfen: *Wenn ein Fehler immer wieder geschieht, handelt es sich dann wirklich um einen Fehler?*

Ab wann wird Widerstand zur Pflicht im Sinne Berthold Brechts? Eine spannende Frage, die hier nicht Thema sein kann. Nicht weil diese Frage ein „heißes Eisen" ist, sondern weil die Klärung mit Sicherheit sehr voraussetzungsvoll wäre. Doch diese Klärung obliegt gerade den Gruppen, die sich in den politisch unsicheren Zeiten erfolgreich bilden konnten.

In unserem Vorhaben geht es um grundlegendere Prozesse in der Phase, in der die Frage der Notwendigkeit nach Widerstand sich noch im Stadium der Klärung befindet und im Zuge des Gruppenbildungsprozesses die Bedingungen einer Konsensfindung noch adäquat erörtert werden müssen.

Fast alle Formen gesellschaftlicher Partizipation benötigen die Erfüllung grundlegender Rahmenbedingungen und vor dem Aktivwerden wenigstens einer Reihe von Gruppenprozessen, damit ein gemeinsames Vorhaben überhaupt erst Thema werden kann. Der Inhalt des gemeinschaftlichen Vorhabens steht hier (wie bereits erwähnt) nicht im Fokus.

Darüber hinaus gilt die Einsicht, dass politischer Widerstand eine Domäne der Gesellschaft ist und im demokratischsten Sinne auch bleibt – und nicht etwa die Aufgabe des Staates wäre. *Ohne die demokratische Anerkennung von Oppositionen gibt es keine Demokratie.* Und wie mit ihnen umgegangen wird, führt uns klar vor Augen, in welcher Art von Staat wir leben. Das Hin- statt Wegschauen kann jeder selbst übernehmen. Die offensichtliche Diskriminierung Andersdenkender und die dennoch aufrecht gehaltene Überzeugung, wir lebten in einer Demokratie, führt offensichtlich in ein Dilemma.

Diese Einsicht teilt erstaunlicherweise nur ein kleiner Teil unserer ach so demokratisch gesinnten Gesellschaft, wie es sich in der C-Krise eindrucksvoll zeigte und in den Folgekrisen wohl auch weiterhin zeigen wird.

Die Bedrohungen mehren sich, aber die Rolle der vertrauten Staatsorgane und der Politik wird bei all den Veränderungen und zuvor undenkbaren Drücken nicht in Frage gestellt. Und dies obwohl alle notwendigen Aspekte der gesellschaftlichen Organisation aus der Gesellschaft selbst generiert wurden und auch jederzeit wieder reformiert werden könnten.

Wären wir doch nur dahingehend erzogen worden: Unser Selbstverständnis ist gesellschaftlich sozial und politisch demokratisch. Unsere tatsächlichen Organisationsformen und alltäglichen Erfahrungen samt Reaktionen auf gesellschaftliche Veränderungen spiegeln dies allerdings nicht wider.

Auf diese ursprüngliche Fähigkeit zur menschlichen Selbstorganisation innerhalb der Gesellschaften soll hier hingewiesen werden. Nicht selten beginnt ein derartiger Prozess mit einer guten Idee eines Einzelnen oder einer kleinen bereits bestehenden Gruppe, als Antwort auf ein geteiltes Bedürfnis.

Die vom Staat oft beschworene *Neue Normalität* und *Zeitenwende* dürften sicherlich ein guter Grund sein, nach Orientierung und anderen kritischen Fragenden zu suchen. Einander fremde Menschen finden aufgrund eines Anlasses den Weg zueinander.

In diesem Gedankengang vollziehen sich mindestens zwei Prozesse: Erstens widmen sich Menschen über die Kommunikation mit anderen dem Anlass (Aspekt der Orientierung). Und zweitens nähern sich über den Anlass Menschen einander (Aspekt der Verknüpfung in unsicheren Zeiten).

Die Rolle des Anlasses habe ich inhaltlich nicht näher erläutert, doch von der Funktion her sollte dieser Aspekt innerhalb der Gruppe möglichst klar dargestellt sein. Warum? Weil die Bedeutung des Anlasses im Zuge der Entstehung einer Gruppierung ihren Charakter ändern kann. Ein Umstand, der vielen Gruppierungen derart zu schaffen macht, so dass es leider häufig erst gar nicht zu organisatorischen Fragestellungen kommt. Deswegen möchte ich den Anlass weiterhin beleuchten.

3.5.1 Die Rolle des Anlasses

Die initialen Anlässe einer Gruppenbildung unterscheiden sich immens. Ebenfalls verändern sich Anlässe über die Zeit der Gruppenentwicklung und die Frage, warum man zu Beginn den Weg zueinander gefunden hat, steht nicht selten in einem diametralen Gegensatz zu den Vorhaben, die später in der Gruppe realisiert werden.

Jedes Netzwerk, das ich wahrnehmen durfte und welches sich an den ursprünglichen Anlässen anfänglich wie selbstverständlich orientierte, geriet bei der Frage nach einer konkreten gemeinsamen Unternehmung gleich zu Beginn immens unter Druck.

Betrachten wir einige Etappen in diesem Prozess und legen einige allgemeine Erkenntnisse als Folie auf:

Wir wissen,

- dass soziale Bindungen innerhalb größerer Gruppen (über 150 Mitgliedern) an Bedeutung verlieren.

- dass allgemein etwa 20 Prozent der Mitglieder eines Netzwerks zu der Aktiva gezählt werden kann. Es bildet sich strukturell eine kleinere Untergruppe mit besonderen Kommunikations- und Organisationskompetenzen die zu einer weiterführenden Gruppenentwicklung notwendig ist.

- dass (daraufhin) etwa 80 Prozent der Mitglieder an der aktiven Initiierung von Organisation innerhalb des Gruppenbildungsprozesses eine andere Bedeutung (als der Aktiva) zukommt.

Zur Erinnerung: Mit den 20 Prozent soll auch gleich ein Kern einer Gruppe (Aktiva) definiert werden, der einen inneren Gruppierungsprozess zunächst für sich erfolgreich abzuschließen hat. Innerhalb dieses Kerns ist man sich darüber einig, worin der verbindende Anlass besteht und teilt damit die *Einsicht in die Notwendigkeit* des Zusammenschlusses selbst.

Dieser Entwicklung soll hier weiterhin Aufmerksamkeit gewidmet werden, weil einige Aspekte verallgemeinerbar erscheinen. Mag der Anlass variieren, die nötige Einsicht in die Notwendigkeit bleibt für ein gemeinsames Handeln unbedingt von Bedeutung. Dies gilt, zur Bekräftigung, unabhängig vom Inhalt des Anlasses und der Zusammensetzung der Kerngruppe. Mit anderen Worten: Es spielt keine Rolle, wer und warum man sich trifft. Auch die Heterogenität und die Kompetenzen der Gruppe treten in ihrer Bedeutung in den Hintergrund. Die einzige Frage, die im Anfangsstadium der Gruppenbildung eine Rolle spielt, lautet:

Existiert (durch den Anlass gefordert) eine gemeinsame Einsicht in die Notwendigkeit des gemeinsamen Handelns? Ja oder Nein?

Alle weiteren Überlegungen beruhen auf dem Umstand einer positiven Antwort. Ihre Gültigkeit wird unterschiedlichsten Gründen noch infrage gestellt werden. *Aber ohne sie als Reaktion auf den Anlass kann ein Gruppenbildungsprozess nicht beginnen.*

Verbildlichen wir uns mit dem nächsten Schaubild zunächst die Gruppierung als Zusammenkunft unterschiedlichster Menschen. Wir bleiben, wie in diesem Ansatz üblich, bei dem Bild einer sich verändernden politischen Situation als Anlass und die Rede ist von einer sich zuvor fremden, heterogenen Zusammensetzung verschiedenster Biografien, die den Weg zueinander finden.

Der Wunsch nach Orientierung in einer sich wandelnden Umgebung liegt für viele Mitmenschen nur nahe und so fragt man sich, was hier gerade nicht stimmt, und eine derartige Frage, fällt natürlich leichter, wenn auch andere sich diese stellen – schlussendlich man sich diese Fragen gemeinsam stellt.

Es gilt: der Anlass verbindet.

Wir betrachten nun den Verlauf einer Gruppenentstehung, den ich in der C-Krise mehrfach miterlebt habe und durchaus als Erfahrung nicht mehr missen möchte, denn die gewonnenen Eindrücke rufen mir förmlich entgegen, egal wie verrückt die Welt auch sein mag, *vernünftige Menschen existieren stets – und diese finden sich.*

Die Gruppenbildung unterteile ich in folgende Phasen:

1. Vorarbeit der Anerkennung

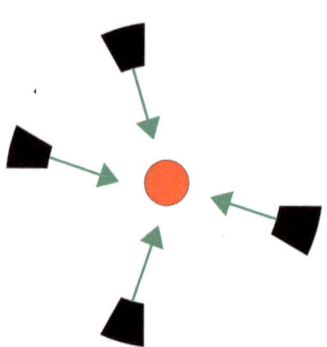

Abbildung 3.3: Anlässe führen zusammen

1a. des Anlasses
(Was ist der Fall/Grund?)

1b. der Gruppenmitglieder
(Wer sind wir?)

1c. der Stabilität des Diskurses
(Wie bleiben wir uns erhalten?)

1d. eines gemeinsamen Begriffes von Konsens
(Worin stimmen wir überein?)

2. Sachbezogene Kommunikation
(Was können und sollten wir tun?)

3. Organisation
(Über Reichweite und Grenzen des eigenen Handelns)

4. Kooperation
(Gibt es andere wie uns?)

Der *Anlass* (1a) ist *zunächst* der unproblematischste Teil des Gruppierungsprozesses. Unproblematisch deswegen, weil man am Anlass selbst nicht aktiv beteiligt war. Wir sind im Hinblick auf den Anlass reine Beobachter, woraus sich auch die gefühlte Ohnmacht ergibt, die uns umtreibt.

Im Falle einer politisch-gesellschaftlichen Bedrohung hat man sich ja nicht freiwillig der Wahrnehmung hingegeben, hier könnte etwas schief laufen, sondern der Eindruck zwang sich regelrecht auf und forderte Abgleich mit anderen Mitmenschen. Der gewonnene Eindruck suchte seinen Anschluss erst einmal im eigenen Umfeld, und selbst wenn man im Familien- und Freundeskreis auf taube Ohren stieß, am Ende der Straße traf man durch Zufall jemanden, der sich genau die gleiche Frage gestellt hatte. Man war nicht allein und diese Einsicht stellt eine Grundmotivation der Gruppenbildung dar und sie beginnt mit der Frage:

Bin ich denn der Einzige, dem dies auffällt?

Nein! Und die Fragesteller finden sich. Andere Menschen geben sich zu erkennen. Man geht auf ein Treffen zunächst besorgter Einwohner der umgebenden Ortschaften. Ein alter Nachbar nimmt mich mit. Man fragt sich vor Ort gegenseitig, was die ganzen Geschehnisse zu bedeuten haben, umarmt sich und empört sich gemeinsam. Man teilt die Fassungslosigkeit miteinander, die jedem Einzelnen umso mehr zusetzen würde, wenn man den Weg zu anderen nicht gefunden hätte. Und ja, man wird das ungute Gefühl der Fassungslosigkeit nicht in Gänze los, aber ein Lichtblick ist durch Gleichgesinnte stets klar zu erkennen, und auf diesen möchte man nicht mehr verzichten, wenn der Anlass unverändert bedrohlich bleibt. Man trifft sich nächste Woche wieder.

Man wird sich über das Vorhandensein einer gemeinsamen Bedrohung einig und die Treffen erhalten zunächst dahingehend Sinn,

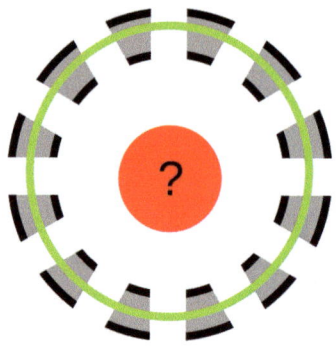

Abbildung 3.4: Ratlosigkeit und Ohnmacht verbinden

dass man sich über die Wahrnehmung der Bedrohung, wenn auch noch nicht ihrer Bedeutung nach, zunächst einig ist. Der *Anlass* wird gemeinsam anerkannt.

Doch dieser Prozess stellt lediglich einen ersten Abschnitt der Vorarbeit dar. Sie geht der Hauptsache insofern voraus, dass eine Anerkennung als Vorarbeit, die notwendige Bedingung für die Fortsetzung der Gruppenentwicklung darstellt.

Mit der Anerkennung des Anlasses durch die Gruppenmitglieder kommt es zu einer beschleunigten und effizienteren Kommunikation.

Drei der lösenden Aspekte sind leicht zu lokalisieren: Übereinstimmung, Sympathie und Anteilnahme. Man kennt die anderen Menschen zwar nicht, aber man teilt mit ihnen eine Meinung. Als wäre man Fans desselben Fußballvereins. Wir sind alle Brüder und Schwestern im Geiste. *Wir machen den Irrsinn nicht länger mit*, so ist man zunächst einhellig einer Meinung.

Diese anfängliche Euphorie durfte ich aufgrund der geteilten Wahrnehmung der gesellschaftlichen Einschränkungen selbst miterleben und möchte jedem (vor allem älteren) Menschen mein Bedauern zum Ausdruck bringen, die in dieser unmenschlichen winterlich dunklen Zeit der Lockdowns allein sein mussten und noch in Einsamkeit diese Welt verließen. Das hat niemand verdient.

Dass ein Übermaß an Isolation für ältere Menschen tödlich sein kann, weiß man nicht erst seit gestern, aber darauf wurde wie auch auf anderes keine Rücksicht genommen.

Die tragischen Erzählungen noch vor Beginn der Impfungen waren für mich schwer zu verkraften. Es scheint, als wäre ich selbst noch recht gut weggekommen. Andere hingegen verloren in personell unterbesetzten Altersheimen ihre isolierten Eltern und Großeltern und die besorgten Kinder und Enkel wussten, sie waren zum Schluss sogar voneinander getrennt und niemand war für sie da. Dieses Gefühl des Verlustes und der Ohnmacht, den Liebsten nicht helfen zu können, verband. Ähnliches galt in Bezug auf die Maskenpflicht in Kindergärten und Schulen.

Dass radikale Eingriffe in die Gesellschaft in Bezug auf unsere Kinder wenigstens doppelt wiegen, sollte keiner weiteren Erklärung bedürfen.

Mit diesem Schmerz sitzt man im Lockdown zusammen und stabilisiert sich zunächst über die offene, nicht selten tränenreiche Aussprache selbst. Man lernt sich über Schmerz und das gemeinsame Gefühl der Verwundbarkeit und Ohnmacht kennen. In einer derartigen Situation lernt man ebenfalls im Netzwerk, sich schnell zu solidarisieren und innerhalb einer Leidensgemeinschaft zu akzeptieren.

Und dennoch: Den Anlass als „äußere" Bedingung für einen Gruppenbildungsprozess anzuerkennen, stellt über die Zeit bereits die erste Herausforderung an die Beteiligten dar. Allzu schnell verliert der Anlass seine Bedeutung. Unser Gedächtnis reicht in vielen Belangen leider nicht wirklich weit, wenn man uns nicht ständig und im zunehmenden Maße in Angst hält. Der Anlass sollte uns vor Augen führen, dass bereits unsichtbare Grenzen überschritten wurden. Die Grenzüberschreitung vollzog sich bereits. Sich daran erinnern zu können, darin liegt die eigentliche Bedeutung des Anlasses als Referent.

Deswegen sollte über eine Form von *Vorarbeit* unter Bezugnahme des gesunden Menschenverstandes strukturierter an die Einleitung einer Gruppenbildung herangegangen werden. Das Gruppengedächtnis braucht einen Anker und dieser bietet der Anlass.

3.5.2 Die Rolle der Vorarbeit

Neben der Anerkennung des Anlasses (1a.) und der geteilten Erlebnisse erhält das Netzwerk für ihre Mitglieder einen Eigenwert (1b.). Man geht behutsam miteinander um und respektiert die ansonsten noch unbekannten Mitmenschen und alle gehen auf der Ebene der Zwischenmenschlichkeit in Vorleistung. Im Vertrauen, dass diese Formen der Verbindung in diesen düsteren Zeit der Isolation etwas Besonderes und Erhaltenswertes darstellen, öffnen sich zum Teil die Mitglieder einander recht zügig.

Besondere Vorsicht gilt gegenüber dem neuen Diskurs, der aus der Not geboren wurde und allen eine gemeinsame Hoffnung schenkt (1c.). Er wird gewahrt, weil eine äußere Gefahr im Inneren verbindet. Ein erstes Gemeinschaftsgefühl ist gewachsen und nach der Anerkennung der Mitglieder kommt die Frage nach dem Konsens: *Wir sind uns im Hinblick auf die äußere Bedrohung einig und wissen, wer wir sind. Im Sinne unserer Bekanntschaft und ihres Erhalts stellt sich nun die Frage, was können und wollen wir gemeinsam tun.*

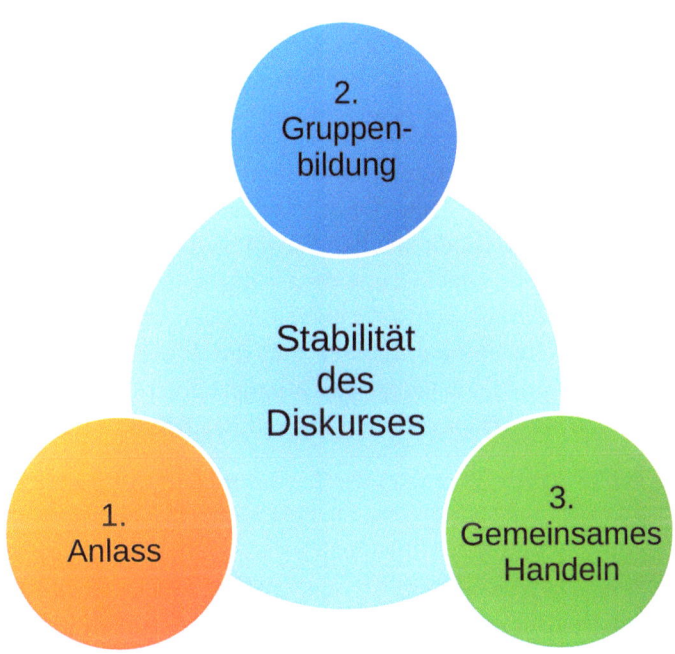

Abbildung 3.5: Vorarbeit

Vom verbindenden Anlass zur verbindlichen Vorarbeit ist es allerdings ein weiter Weg und viele Gruppen scheitern bereits während der Gruppenbildung in der Phase der Vorarbeit. Eine Gruppe, die die Abschlussfrage der Vorarbeitsphase, *was können wir tun?*, stellt, begibt sich aus der Ebene der Anerkennung der Umwelt heraus und betritt die *sachliche Handlungsebene*. In einem durch alle Mitglieder geschützten Diskurs erfährt ein zu diskutierender Sachbezug die größte Chance einer *neutralen* Betrachtung durch die Gruppe. Man läge sicherlich nicht gänzlich falsch, wenn hierin der Erfolg der Gruppenbildung selbst gesehen wird.

Wenn man in politisch ruhigeren Zeiten Gruppierungen in ihrer Entstehung betrachtet, so sind Unstimmigkeiten über Motivationen, Ziele, persönliche Befindlichkeiten, Rivalitäten, Missverständnisse etc. Gründe für eine Blockierung der Gruppenentwicklung bis hin zum gänzlichen Zerfall. Selbst die überaus bedeutsame Anerkennung des Sinns des Zusammenschlusses und durch die Kompetenzen der Gruppenmitglieder entstehenden Möglichkeiten werden oftmals nicht hinreichend erfragt und verlieren mit der Zeit ihre Bedeutung.

Einem gemeinsamen Potenzial wurde wahrscheinlich deshalb nicht nachgegangen, weil bereits der Diskurs frühzeitig einseitig dominiert war. Erste Führungsrollen wurden viel zu früh eingenommen und teilweise bereits akzeptiert, ohne grundsätzliche Aspekte der Vorarbeit in Fragen zu Kompetenzen und Kapazitäten der Beteiligten geklärt zu haben.

Beispiel: Macher wollen machen! Üblicherweise ergriffen Praktiker im Diskurs die Initiative und setzten die Organisation über die Kommunikation, während die Prozesse der Anerkennung, die der Kommunikation bedürfen, noch längst nicht abgeschlossen waren. Die Grenzen eines derartig geführten Diskurses liegen auf der Hand und zeigten sich teilweise auf unangenehmste Weise, während auf Biegen und Brechen zum Handeln animiert wurde:

3.5. I: WAS KÖNNEN WIR TUN? LERNEN! (SCHNELLEINSTIEG)

Man sei des Diskutierens Leid,
es müsse endlich mal gehandelt werden.

Wir müssen ins Tun kommen.
Wir müssen in die Selbstverantwortung kommen.

Die Frage war nur: Wie?

Diese zu beantworten, fiel häufig aufgrund des sich aufbauenden Handlungsdrucks unter dem Tisch und verdammte die Gruppe zur Passivität. Das genaue Gegenteil der Forderungen trat somit ein.

Bitte bedenken Sie, dass selbst mit der Übereinkunft des Anlasses (Konsens der Wahrnehmung) sich in der Regel dennoch unbekannte Menschen gegenübersitzen und keinerlei Übereinstimmung im Hinblick der Biografien vorausgesetzt werden kann. Zwar werden einige Menschen aus der Not heraus zwangsläufig aufgeschlossener, wenn sichergeglaubte Umweltbedingungen nicht mehr gelten. Aber diese Form der Aufgeschlossenheit hat ihre Grenzen und endet in der Regel mit den Fragen zur Konkretisierung eines Vorhabens, wenn keine weiteren Übereinstimmungen der Motivationen hinzugefügt werden. Vereinbaren kann man viele Dinge, nur die Herausforderung der Einhaltung wird leider innerhalb angehender Gruppen zumeist unterschätzt. Vorschnelle Forderungen nach Handlungen täuschen über diese Erkenntnis nicht hinweg.

In Orientierungs- bis zu fortgeschrittenen Konkretisierungsphasen gab es im Zuge unterschiedlichster Motivationen auch immer Widerstand. Manche Mitglieder suchten lediglich mehr Nähe und wurden auf einmal mit Sachthemen konfrontiert. Andere waren derart sensibel in Bezug auf ihre Freiheit geworden, so dass sie im gemeinsamen organisatorischen Vorhaben die nächste Unterwerfung sahen. Dritte sahen eine Chance, ihren Bedürfnissen freien Lauf lassen zu können, für andere galt es wiederum, kommerzielle Erfolge zu erzielen.

Veränderungen, auch wenn sie gesellschaftlich als bedrohlich wahrgenommen werden, sind eben auch Zeiten neuer Möglichkeiten. Alte Beziehungen zerbrachen und neue entstanden und einige entdeckten für sich neue Plattformen.

Beispiel: Endlich Spiritualität leben! In einem Fall kamen Stimmen auf, die Harmonie und innere Einkehr forderten, weil die Menschen u.a. feinstoffliche Wesen seien und mit Instanzen in Verbindung stünden, die mir, offen gesagt, wahrscheinlich verschlossen bleiben. Man wehrte sich gegen konkrete organisatorische Vorhaben. Meditation und gemeinsames Singen wurden angeboten und es wurde verstärkt der Standpunkt vertreten, organisatorische Belange seien zu hierarchisch, zu kopflastig, zu rational und zu wenig eine Herzensangelegenheit, kalt und nicht erleuchtet etc. Nach den Veranstaltungen folgte der „Energieausgleich".

Ich konnte mit diesen Forderungen nur wenig anfangen. Mag sein, dass mein Bewusstsein nicht ausreicht(e), spirituell Höheres zu begreifen, allerdings war ich mir recht sicher, in dieser Zeit keiner Selbstfindung nachgehen zu wollen, sondern Projekte zu unterstützen, die als plausible Reaktionen auf die jüngsten politischen Ereignisse angesehen werden konnten. In dieser Zeit fiel mir auch auf, dass eine Reihe von Themen in den Netzwerken ungemein populär wurden, wie z.B. die Germanische Heilkunde, der Staat als Firma, das „Königreich Deutschland" neben, wie gesagt, einer Fülle spiritueller Themen.

Ich möchte hierbei ganz klar herausstellen, dass ich hier lediglich auf Vernunft bzw. auf den im Volksmund „gesunden Menschenverstand" rekurriere. Höhere Formen von Spiritualität mögen dies durchaus auch ermöglichen, aber die selbstgemachte Erfahrung zeigte, dass häufig leider genau das Gegenteil eintrat. Die Herzensmenschen verloren als erste den Halt, wenn es um konkrete Organisationsfragen ging und nicht selten wurde die Kopflastigkeit von Organisationsfragen selbst als Grund angeführt. In diesem Punkt kann ich nur sagen, dass Einhelligkeit bzw. die Einigkeit (im Sinne eines Konsens der Wahrnehmung) spürbar die Gleichgesinnten verband, nicht aber ein besonderer Glaube.

Über Methoden zum Aufbau von Herzensorganisationen weiß ich nichts zu berichten. Allerdings bezweifle ich, dass man alle Wege gleichzeitig beschreiten kann. Man muss also in Situationen, die auf eine kontinuierliche Zusammenarbeit hinauslaufen sollen, sauber und klar kommunizieren und anerkennen, dass dies auch ohne spirituelle Ansprüche eine Mammutaufgabe darstellt.

Auffällig: Mit spirituellen Themen gingen teilweise auch verstärkt subjektive Ansprüche einher, die unverzüglich und scheinbar unausweichlich die biografischen und mentalen Verschiedenheiten zulasten der Diskursstabilität in den Vordergrund treten ließen. Mehr als einmal durfte ich erleben, wie spirituelle Mitmenschen über höhere Formen von Harmonie sprachen und nicht selten empfand ich den Diskurs eher als instabil. Ob da ein Zusammenhang besteht? Schließlich saßen auch nicht-spirituelle Mitmenschen dazwischen und man staunte nicht schlecht, wie die Lockdowns den Austausch höherer Bewusstseinsformen förderten und manchmal sogar den politischen Anlass verdrängten. Das ging nicht immer glimpflich aus. Ende des Beispiels.

Die Vermeidung eines Konfliktes kann am besten durch die gemeinsame Anerkennung eines Grundkonsens (oder Konsens der Wahrnehmung) in der Phase der Vorarbeit geleistet werden. Die erfolgreiche Wahrung des Diskurses als erster Schutz des gemeinschaftlichen Ansinnens, hier nicht vor äußeren Einflüssen, sondern vor den unterschiedlichen Biografien der Mitgliedern selbst, greift nur dann. Ergießen alle Mitglieder ihre biographischen Füllhörner gleichzeitig und ungebremst in den Diskurs, dann bricht dieser zusammen. Es muss mit etwas allgemein Verbindenden beginnen – der Anlass.

Und deswegen ist ein erster Konsens der Wahrnehmung so wichtig: Man ist sich in grundlegenden Dingen zuvor einfach einig gewesen. Auf diesen Status kann man zur Orientierung in späteren widersprüchlichen Konstellationen stets durch die Frage nach dem übereinstimmend wahrgenommenen Anlass zurückkommen. Deswegen ist die Klarheit gegenüber dem Anlass und seine Anerkennung als gemeinsame Leistung von Beginn an von immenser Bedeutung für die gesamte Gruppenentwicklung.

Beispiel: Mentalitäten. Nähern wir uns einem weiteren biografischen Konfliktherd: Mag sein, dass die Veränderungen in ihrer Bedrohung gemeinsam wahrgenommen werden, aber die Charaktere zeigen potenziell ein Spektrum von Verhalten, das von im Kern passiv bis zur offenen Konfrontation bereit, reicht. Insofern verwundert es nicht, wenn nach einer Klärung der ersten Fragen auch die ersten Austritte folgen.

Was dem einen zu viel ist, ist dem anderen zu wenig.

Nun, es ist auch gut so. Mitglieder, die ihre Erwartungen nicht erfüllt sehen, fühlen sich vielleicht in einer anderen Gruppe wohler. Da hilft häufig nur ein Austritt. Besser früher als später.

Eine Präzisierung des gemeinsamen Anliegens entzaubert stets einige Hoffnungen über das Machbare. Doch entgegen der Heterogenität der Gruppe gilt zunächst: Die eigentliche Machbarkeit spiegelt sich für alle Beteiligten erkennbar in der Einhaltung von Vereinbarungen und dem daraus resultierenden Konsens des Handelns wider. Hier verknüpft sich Kommunikation und Organisation, denn das Treffen von Vereinbarungen erscheint zunächst als kommunikativer Akt, doch die *Einhaltung* selbst ist bereits Organisation.

Diejenigen, die aus Ungeduld aus einer Gruppe austreten, werden langfristig ihre Erwartungen niemals erfüllt sehen, wenn man einer Gruppe nicht die Chance einräumt, Vereinbarungen zu treffen und wirklich einzuhalten. Durch diese Schritte wird Organisation möglich.

Beispiel: Vereinbarung und Disziplin. Wie in Wohngemeinschaften altbekannt, ist die Regelung, wer den Abwasch nach Plan macht, häufig verschieden von den Ergebnissen der Durchführung, was ja nicht selten Unstimmigkeit nach sich zieht. Das Einhalten von Vereinbarungen verlangt Disziplin, was es disziplinierteren Charakteren eher ermöglicht, sich an diese zu halten. Niemand erwartet, dass man sich ein Bein ausreißt, nur, hat man sich auf eine Rollenverteilung geeinigt, dann steht Verlässlichkeit hoch im Kurs. Und ohne einen klaren und von allen geteilten Konsens durch die gemeinsame Anerkennung fehlt ein Aspekt, der grundlegend durch sein Fehlen spaltet:

Die Einsicht in die Notwendigkeit.

Über die Dinge zu reden und diese durch Handeln zu beeinflussen, stellt, ähnlich wie die Einführung und Einhaltung von Vereinbarungen, zwei völlig verschiedene Ebenen des sozialen Miteinanders dar. Mit anderen Worten: Der Übergang zu normativen Fragen (Fragen des Sollens) kann im Regelfall als eine Art Sollbruchstelle gelten, die sich aus ihrer bis dato lockeren Vernetzung wohl kaum voraussetzungslos als Organisationsfragen beantworten lassen. Einen allgemeinen Aspekt, den es mit Sicherheit zu berücksichtigen gilt, scheint die bereits angesprochene *Einsicht in die Notwendigkeit* zu sein. Doch hierbei wird es nicht bleiben können. Worauf läuft diese Einsicht hinaus?

Die Einsicht in die Notwendigkeit legt eine fortsetzende Übereinkunft auf dem weiteren Weg zu einer gemeinsamen Organisationsform nahe, die insbesondere von der Aktiva als erstes erfolgreich zelebriert werden muss. Die Mitglieder einer kleinen Kerngruppe übernehmen damit eine Vorreiterrolle.

An allgemeinen Motiven fehlt es nicht. So sind die kritischen Gruppen, zumindest mit denen ich Kontakt hatte, den Themen gegenüber ungemein aufgeschlossen gewesen, die sich neben der Kritik am Status quo dazu zählen lassen: Freiheit, Gerechtigkeit, Selbstbestimmung, Menschenwürde (gerade auch in Deutschland interessant), Gerechtigkeit, Demokratie und alternatives Denken im Allgemeinen (wie in Bereichen Gesundheit, Währung, Gesellschaftsformen, Kulturgeschichte etc.). Dies sind alles identifikationsstiftende Themen, wie eben auch *Demokratie* und *Rechtsstaat* als identitätsstiftende Motive gelten oder bei so manchem Mitmenschen zumindest galten.

Doch die allgemeinen Motive sind nicht der Grund für die Wahrung einer identitätsstiftenden Entität innerhalb der Aktiva und später in der Gesamtgruppe. Denn diese Motive steigern mittelfristig nicht das Vertrauen zwischen Menschen, die sich noch kurz vor den Krisen nicht kannten und wahrscheinlich sich sogar aus guten Gründen niemals über den Weg gelaufen wären. So sehr in Sympathie fremde Menschen in der Not aufeinander zugehen, so sehr sorgt der harmonische Alltag dafür, sich energiesparend mit Menschen abzugeben, die unsere oder ähnliche Weltsichten teilen. Bitte nicht vergessen!

Eine Übereinstimmung in der Not darf mittelfristig nicht darüber hinwegtäuschen, dass die Beteiligten in den meisten anderen Aspekten völlig unterschiedlicher Meinung sind. Auch das sollte erst einmal anerkannt sein, bevor gemeinsam über alternative Gesellschaftsformen oder ähnliche Dinge diskutiert wird, denn seien wir einmal ehrlich, vielen Menschen würden wir eher aus dem Weg gehen und wie sollte eine alternative Gegenwart beschaffen sein, in der Pluralität und Heterogenität völlig natürlich und wir unbedingt alle gleichsam Freunde sind?

Um einen neuen Zustand zu erreichen, müssten wir etwas zustande bringen, dass weit über die Reaktionen auf politische Ereignisse als Anlass hinausgeht. Folglich ist die Chance noch viel geringer in Bezug auf Motiv und Herangehensweise eines derart weitreichenden Vorhabens bereits zu Beginn ein Konsens zu erzielen.

Wir werden uns nun einmal stets, aller „Hoffnung" zum Trotz, mit einigen Mitmenschen besser verstehen als mit anderen. An diesem Umstand ändert die situative Not nur kurzfristig und ansonsten kaum etwas. Deswegen ist der politische Anlass bei den Zusammenkünften auch zunächst so bedeutsam, auch wenn sein Einfluss nur zeitlich begrenzt sein wird bzw. nicht als alleiniger Grund bestehen bleibt.

Ein Argument dahingehend sollte ausreichen und deckt sich mit der eigenen Erfahrung: Eine weitreichende Desillusionierung kritischer Netzwerke war dann zu erkennen, als der Staat den Druck auf die Gesellschaft wieder senkte. Die Folge: Der angsterfüllende Anlass geriet ins Wanken, die hauptsächlich angstmotivierten Netzwerke gerieten ins Wanken.

Wir merken uns hier:

Solange situativ entstandene Netzwerke in ihrer
Gruppenentwicklung nicht voranschreiten,
solange hängt ihre Existenz direkt vom äußeren Anlass ab!

Diese Erkenntnis zieht den Schluss nach sich, dass auch kritische Netzwerke kurioserweise eine ganze Weile noch, zwar indirekt aber gehörig, vom Anlass (bzw. vom Staat) dominiert werden. Dieser Zustand endet erst, wenn sich ein Netzwerk mit einer stabilen Kerngruppe und einem eigenen Identitätsmerkmal erfolgreich bilden und Distanz zum initialen Anlass schaffen konnte.

Dafür steht der Ansatz des konsensorientierten Diskurses: Neben der ersten *Einsicht in die Notwendigkeit* als Eingeständnis, dass durch einen Anlass ein zukünftiger Zusammenschluss sinnvoll ist, folgt die zweite Einsicht der Notwendigkeit des Erhalts der Stabilität des Diskurses als Verantwortung, die jedem Mitglied der Kerngruppe obliegt. Was ist damit gemeint?

Der gemeinsamen Sache wäre zunächst schon damit gedient, wenn sich eine Gruppe nicht über sich selbst entzweit. Wenn die Einhaltung einer Vereinbarung ihr überhaupt erst Sinn verleiht, dann gilt dies auch in Bezug auf die Wahrung eines Konsens, der nichts anderes darstellt als einen Komplex von Vereinbarungen, welche von der Aktiva akzeptiert wird. Es ist die Vernunft, die über den Sinn eines gemeinschaftlichen Zusammenschlusses jenseits der Eigeninteressen eine sachlich adäquate Kommunikation überhaupt erst ermöglicht.

Gemeinsam können wir mehr erreichen, unabhängig davon, was jedes einzelne Mitglied von sich aus anstrebt.

Doch Vernunft ist ein zartes und sehr abstraktes Pflänzchen. Sie kann als gemeinschaftliches Band nur dann fungieren, wenn sich die Beteiligten ihr unterordnen. Doch wann haben wir im Alltag dies schon einmal zelebriert? Gar mit anderen (sogar noch unbekannten) Mitmenschen? Folgen wir nicht beständig den Reizen, hin zur Lust, weg von der Unlust?[12] Wird uns im Alltag nicht Vieles abverlangt, dass uns eigentlich nicht wirklich innerlich tangiert? Und mit diesen Biografien im Rucksack sollen sich wildfremde Menschen zu etwas Abstraktem dauerhaft hinreißen lassen?

Ja, auch wenn, seien wir ehrlich zu uns selbst, der Sog der Vernunft nicht Auslöser der Zusammenkunft sein kann, sondern der Druck der miteinander geteilten Angst dies bewirkte. Auf den Punkt gebracht:

Von der Fähigkeit zur Vernunft innerhalb der Kerngruppe

---

[12]Nach Epikur.

hängt das gesamte Gelingen des Gruppenbildungsprozesses ab.[13]

Wenn die Kerngruppe die Überzeugung teilt, dass das gemeinsame Vorhaben richtig und wichtig (also vernünftig) ist, dann ist der Diskurs stabil und es „herrscht" ein erster allgemeiner Konsens und es geht hier nicht mehr primär um die Bestrebungen Einzelner. Ein Meilenstein.

Einzelbestrebungen sind gar schädlich, wenn sie nicht unter Berücksichtigung des Konsens als Impuls in die Gruppe eingegeben werden. Zunächst gilt unter Berücksichtigung der ersten beiden Einsichten, die Zusammenkunft mit anderen Mitmenschen und der Austausch mit ihnen angesichts des Anlasses als sinnvoll – ergo vernünftig.

Und: Alle Beteiligten sehen im Anlass einen plausiblen Grund, die Zusammenkunft und alle Beteiligten zu respektieren. *Nur ein stabiler Diskurs kann weiter helfen.* Dessen muss sich jedes Mitglied bewusst sein und die Frage der Diskursstabilität steht mit der geteilten Fähigkeit der Einhaltung von Vereinbarungen weiterhin in ständiger Wechselwirkung.

Ständige Negativprojektionen eines Einzelnen auf Kosten der Diskursstabilität sind illegitim und bis zur Auflösung der Gruppe schädlich. Diese Zeilen dürfen etwas lapidar wirken, doch die Bedeutung eines stabilen Diskurses hängt natürlich von der mentalen Stabilität der Mitglieder ab. Ein hohes Maß an Sachlichkeit spätestens in Organisationsfragen überfordert einen Großteil gefühlsbetonter

---

[13]Ich habe gute Gründe, warum ich nicht auf metaphysische, religiöse oder spirituelle Motive abstelle, denn die Instanzen, an die geglaubt wird, unterscheiden sich von Mensch zu Mensch. Doch wer würde sich gegenüber den eigenen Entscheidungen in profanen Lebensfragen der Unvernunft anvertrauen, wenn unter dem Ausdruck Vernunft jede Form von Sinnvollem verstanden wird? Auf die Spitze gebracht: Wer würde sich bewusst für etwas offensichtlich Unsinniges bzw. Sinnloses entscheiden und gleichsam diese Entscheidung für vernünftig halten? *Bitte einmal selbst darüber nachdenken!*

oder zur Emotionalität neigenden Menschen. Sich gemeinsam auf einen Sachgegenstand längere Zeit zu fokussieren, kann bis zur kompletten Ablehnung des Diskurses einiger Mitglieder führen (siehe die vorherigen Beispiele) und diese Situation stellt letzten Endes den Vorgang einer sich wiederholenden Reformation der Gruppe in Aussicht, bis sich eine stabile Formation der Mitglieder eingestellt hat. Oder mit anderen Worten: Manche Gruppen brauchen mehrere Anläufe für die Vorarbeit.

3.5.3   Die Rolle des Konsens

Beispiel: Unterwanderung. Ein Leichtes ist es, ein Netzwerk zu unterlaufen, indem u.a. kontinuierlich über künstliche Konflikte Emotionen geschürt werden oder der Anlass schlichtweg relativiert wird.[14]

Wenn Impulseingaben in den Diskurs auf Kosten seiner Stabilität getätigt werden, dann sollte die Gruppe dahingehend sich sensibilisieren, wie diese Eingaben zu bewerten sind und inwieweit die Stabilität des Diskurses gewährleistet werden kann. Die Fertigkeit dazu sollte einem ernsthaften Organisationsvorhaben vorausgehen. Die Kerngruppe wird stabil und sich der Bedeutung der Stabilität

---

[14] *„Alles wird gut!"*, war einige Male zu hören. Leider wird mit dieser Floskel zielgerichtet sehr viel Bauernfängerei im Zusammenhang mit Glaubensfragen und Komfortzonen betrieben. Die Angst als Symptom der aktuellen Geschehnisse wird oftmals selbst angeprangert. Doch nur Passivität kann nur die Folge sein, wenn die Angst mich nicht im ersten Augenblick antreibt. Sie ist es, die die Menschen, gut zu erkennen, erst zusammenführte. Der Konsens der Wahrnehmung umfasst auch die Anerkennung der geteilten Angst.
Und: Wenn ohnehin alles gut wird, warum treffen wir uns dann? Diese Floskel kann man durchaus auch sinnvoll erweitern: *„Alles wird gut. Aber nicht ohne unser Zutun."* Damit bleibt der Anlass erhalten und der Passivität hat man erfolgreich die Stirn geboten. Es ist das eigene Handeln, das von Angst und Ohnmacht befreit, und nicht die leere Phrase, *alles werde gut.* Dieser Satz kann, falsch angewendet, nur in die Unmündigkeit und Ohnmacht führen. *Aber da sind wir doch schon! Eben.*

bewusst, bevor sie in einer eigenen Rolle gegenüber dem Netzwerk auftritt.

Kein Impuls und keine Idee kann das Licht der Welt erblicken, wenn die Beteiligten nicht die nötige Einsicht in die Notwendigkeit miteinander teilen. Idealisierend könnte das nächste Schaubild das Resultat eines erfolgreichen Anerkennungsprozesses darstellen. Man könnte durchaus sagen, dass der Anlass mit der notwendigen Bereitschaft zur Einsicht *formierend* auf die Mitglieder wirkt. Oder: *Mit einem „diskreten" Abstand zum Anlass und zu den anderen Gruppenmitgliedern wird eine produktive Kontinuität des Diskurses möglich.*

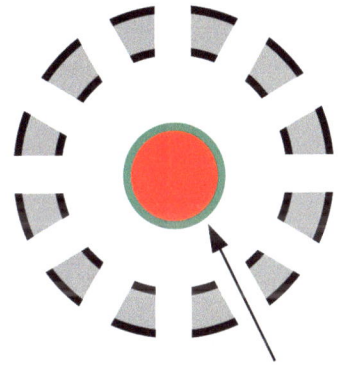

Konsens der Wahrnehmung

Abbildung 3.6: Anlässe und Einsichten formieren

Ein absolut bemerkenswerter Umstand innerhalb der Gruppenentwicklung zu einem organisatorischen Gefüge liegt in der Anerkennung der Existenz der Gruppe an sich. Wenn dieser Punkt erreicht wurde, dann finden Überlegungen in Bezug auf den Erhalt der Gruppe den Weg in den Diskurs – ein weiterer Meilenstein auf dem Weg zum Selbstzweck. Gegenseitiges Vertrauen und Sympathie unter den Beteiligten mitsamt der geteilten Übereinstimmung über die Notwendigkeit und Richtigkeit der gemeinsamen Anstrengungen haben dann erfolgreich ihre Anerkennung erfahren und die Mitglieder fangen an, zu wahren, was man hervorgebracht hat.

Dieser Zustand macht die Köpfe frei und der gefestigte Zusammenschluss macht flexibel gegenüber kreativen Impulsen und Ideen. Das gemeinsame Handeln wie auch die daraus resultierende Verantwortung verteilt sich gleichmäßig(!) auf den Schultern der Kerngruppe. Vertrauen auf Basis der gemeinsamen Vorhaben bilden einen zweiten Konsens, der nun nicht vom Staat als Urheber des ersten Konsens herrührt, sondern von der Gruppe selbst hervorgebracht wird – der *Konsens der Handlung*, durch den die Gruppe überhaupt erst zur wahren Gruppe wird und sich in Richtung **Autonomie** bewegt. Das nächste Schaubild illustriert diesen überaus bedeutsamen Schritt.

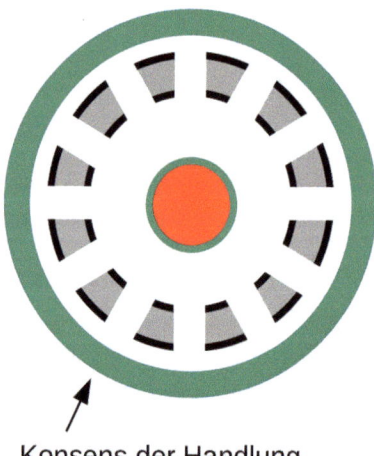

Konsens der Handlung

Abbildung 3.7: Eine quasi-autonome Gruppe

Beachten Sie, dass der Fokus des Anlasses (rotes Zentrum, in Abbildung 3.7) der Zusammenführung optisch (von der Farbfläche her) nun dem äußeren grünen Kreisring des Schaubildes weicht. Der Anlass wird vorerst noch zur Orientierung bei Wertefragen verwendet und dient dem Zusammenhalt gegenüber unterschiedlichen Standpunkten und Impulsen, die durch einen stabilen Diskurs gemeinsam ausgehalten und konstruktiv kommuniziert werden können. Damit ist die Gruppe „quasi-autonom".

Wenn die Autonomie der Gruppe schlussendlich erlangt worden ist, dann spielt der ursprüngliche Anlass wie auch künftige äußere Einflüsse im Hinblick auf die Legitimität der Gruppe nur noch eine sekundäre Rolle. Primär definiert nun die Gruppe ihren Sinn aus der Möglichkeit des gemeinsamen Handelns heraus und hat damit einen triftigen Grund, nun die Gruppenidentität besonders im inneren und nach außen hin zu schützen.

Der weiße Kreis im Zentrum auf Abbildung 3.8 symbolisiert idealerweise, anstelle des ursprünglichen (roten) Anlasses, die Neutralität gegenüber inhaltlichen und formellen Fragen, denen sich die Gruppe nun flexibel annähern kann, weil die Diskursstabilität endgültig nicht mehr von äußeren Einflüssen abhängt.

Beispiel: Die Leistung von Idealen. Den Mangel in der Welt anerkennend schlossen und schweißten sich bereits zahlreiche Gruppierungen auf der ganzen Welt zusammen. Sie verbindet ein gemeinsames Ideal einer besseren Welt und jede Gruppe trägt etwas Charakteristisches zum globalen Diskurs bei und verleiht der Menschheit ein Gesicht – ein menschliches Antlitz.

Kulturpluralismus und die damit einhergehende gegenseitige Befruchtung (nicht ausschließlich Bekriegen) sollte die Basis der eigentlichen Kulturleistung im Zuge der aktuellen Phase der Globalisierung sein. Zugegeben: Dies hier ist nur ein sehr schlichtes Ideal.

Aber Ideale lassen sich als Folien verwenden für diejenigen, die in einem derartigen Prozess Orientierung suchen. Ideale bieten die Möglichkeit zu geteilten Anschauungen.

Ebenfalls lassen sich über idealisierte Folien idealtypische Fehler ausweisen. Will sagen: Man kann mithilfe einer Folie die alltägliche Realität besser einfangen und die aktuelle Situation systematischer interpretieren und strukturierter kommunizieren. Dazu sollte nicht jedes Mitglied ein abgeschlossenes Studium vorlegen müssen, denn schließlich sollen heterogene Gruppen aus sich heraus die Fähigkeit bzw. Fertigkeit zur Organisation erlangen.

Es macht allerdings Sinn, Folien zu verwenden, um angeleitet eine gemeinsame Anschauung zu entwickeln. In diesem Punkt sind traditionell Religionen ganz vorn.[15] Schlussendlich wird im Zusammenhang mit einer geteilten Anschauung der Kontext Autonomie für die Beteiligten zu einer möglichen Bewusstseinsfrage werden.

Fraglos hingegen werden die Mitglieder der Kerngruppe inmitten dieses Entwicklungsprozesses starke Sozialbindungen ausbilden. Der Konsens der Wahrnehmung und des Handelns wie auch die Diskursstabilität haben sich etabliert. Alle Mitglieder haben im Sinne der *diskreten Bahn* ihren Platz gefunden und übernehmen von dort aus ihren Teil der Verantwortung, die auf allen Schultern ruht, unabhängig davon, wie viele Mitmenschen sich von außen beteiligen und unabhängig davon, ob das Netzwerk zehn oder tausend weitere Beitritte erfährt. Die Kerngruppe ist stabil. Sie strahlt nun Autonomie und Integrität in das Netzwerk. Bleibt dieser Zustand über einen längeren Zeitraum, kommt das Netzwerk nicht umhin, die Kerngruppe als Anlaufstelle anzuerkennen.

---

[15]Die säkularisierte Form kann im Staatsglauben gesehen werden. Nicht nur in Fragen der Unfehlbarkeit...

Die ersten Angebote der Kerngruppe wurden im Netzwerk angenommen. Die Organisation wird der Nachfrage nach angepasst. Strukturiertere Interaktionen zwischen Kerngruppe und Netzwerk, zwischen Aktiva und Passiva werden möglich. Andere Gruppen treten in Erscheinung. Kooperationsmöglichkeiten bieten sich an. Die Kerngruppe übernimmt verstärkt erfolgreich soziale Verantwortung.

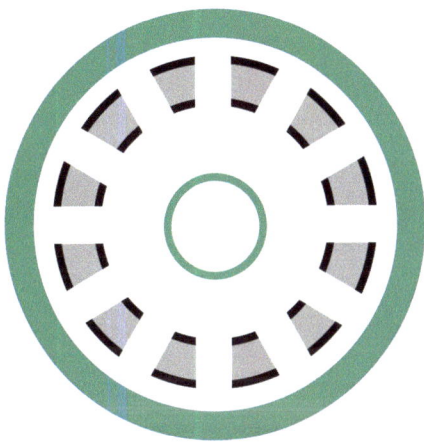

Abbildung 3.8: Eine autonome Gruppe

Fazit: Die Aktiva fand ihren Weg. Menschen mit neuen Kompetenzen nähern sich dem Netzwerk und es beginnt: Eine Gesellschaft entsteht in der Gesellschaft. Und nur hier lässt sich wahrliche Gesellschaftsentwicklung von Beginn an mitverfolgen und zwar nicht nur in monoton technischer Hinsicht und innerhalb eines Interessengeflechts, sondern als subjektive Anpassung der Anschauungen an die Probleme unserer Zeit. Und dieser Prozess erfolgt nicht durch die wenigen Menschen, die ihren Willen mit Macht verallgemeinern lernten, sondern er wird durch sie selbst erforderlich und immer dringlicher, dass wir alle anfangen zu lernen.

3.5.4 Die Rolle innerer Konflikte

Bis Gruppen allerdings soweit kommen, muss anerkannt werden, dass ein von außen herbeigeführter Zusammenhalt in Netzwerken zwar leicht entstehen kann, dieser sich aber kaum ohne Weiteres halten und bewahren lässt. Ich hoffe, aus dem bisher Dargelegten lässt sich diese Erkenntnis ohne größere Wiederholung ableiten.

Eine „innere" Stabilität gehört aufgebaut und wir müssen uns wenigstens drei Problemkonstellationen vor Augen führen, die gerade nicht von außen, sondern vom Inneren der Gruppenentwicklung in Bezug auf ihren Erfolg eine maßgebliche Bedeutung zukommt.

Diese Konstellationen werden größtenteils schematisch dargestellt. Manche konkrete Benennung dient der Verdeutlichung (und auch zur thematischen Auflockerung), nicht aber Ansprüchen der Vollständigkeit und hinreichender Betrachtungstiefe. Die schematische Darstellung soll didaktisch ein zügiges Erkennen der Entwicklung in Richtung der drei Konstellationen ermöglichen. Schemata sind keine Beschreibungen, sondern (wie Modelle) Hilfsmittel zur Beschreibung konkreter Sachverhalte und *somit selbst kein Lösungsansatz*. Sie dienen der gemeinsamen Anschauung.

Ebenfalls zu bedenken: Weder bedarf es hier eines Vollständigkeitsanspruches noch eines wissenschaftlichen Nachweises.

Jeder darf sich aus den eigenen Erfahrungen selbst Konstellationen bewusst machen und weitere Beispiele anführen. In der Zeit der C-Krise wurden eine Vielzahl an Erfahrungen gemacht und viele enttäuschende Entwicklungen haben sehr ähnliche Ursprünge. Diese sind selbst zu prüfen, dabei sollen die Werkzeuge helfen, immer mit einer Vorstellung im gedanklichen Gepäck, wie es gehen könnte.

Hier hilft wohl eine Sensibilisierung der Beteiligten vor Ort eher, als wissenschaftliche Letzterkenntnis, die es hier ohnehin nicht gibt.

Zudem geht es hier lediglich um eine Sensibilisierung gegenüber dem, was in einer konkreten Gruppenentwicklung schieflaufen kann, also auch um Früherkennung, und darum, welche Voraussetzungen denn überhaupt erstrebenswert wären, wenn man denn später ein Vorhaben umsetzen möchte.

Alles klar? Also los!

Gehen wir von folgender Situation aus: Es hat sich eine vorerst stabile und handlungsfähige Kerngruppe gefunden, mehrere Angebote, die dem Netzwerk vorgebracht und auch teilweise angenommen wurden, lassen ein erstes Vertrauen seitens des Netzwerks in Richtung ihrer Aktiva entstehen. Hurra!!!

Unser Ideal hat sich also teilweise erfüllt und nun kommen wir zu drei Beispielen eines möglichen Scheiterns, wenn nicht zügig für die notwendige Klarheit gesorgt wird.[16]

Fall 1: Relativierung des Anlasses

Mir sind folgende drei Aussagen untergekommen:

1. *„Alles wird gut!"*[17]

2. *„Ein Erfolg ist aussichtslos. Die da oben machen eh, was sie wollen. Wir können uns ohnehin nicht schützen."*

3. *„Was habt ihr denn? Es ist doch wieder alles beim Alten."*

Manchmal waren Stimmen in Gruppen zu hören, die die Behauptung aufstellten, jegliches Handeln auf gesellschaftlicher Seite wäre ohnehin sinnlos.

---

[16]Diese drei Beispiele können natürlich auch während des Aufbauprozesses der Kerngruppe eintreten –, aber eben auch zu einem späteren Zeitpunkt!

[17]Bereits angesprochen auf Seite 116, Fn.

Abbildung 3.9: Fall 1: Die Relativierung des Anlasses

Dass eine derartige Haltung innerhalb eines politisch motivierten Diskurses nicht förderlich ist, dessen Stabilität bestenfalls zu einem gemeinsamen Handeln führen soll, kann wohl jeder einsehen.

Das Hervorheben der Sinnlosigkeit gemeinsamen Handelns ist eine der üblichen Absolutheitsansprüche, die einen Diskurs ins Wanken bringen können. In der Regel reicht ein einzelnes Gruppenmitglied aus, das durch derartige Aussagen Zweifel sät und dadurch die Entwicklung des Diskurses in eine passive Richtung lenkt.[18]

Die vorläufigen Reaktionen der Diskursentwicklung dürfen durchaus auch variieren, schließlich sind bei den Treffen Ohnmacht und Unmut nicht zufällig sehr häufige Gäste. Verdächtig wird es allerdings, wenn alle Einwürfe des besagten Mitgliedes immer in Dilemmata hinauslaufen, die eine Weiterführung der Gedanken an gemeinsames Handeln allgemein verbieten. *„Gegen alles und für nichts"*, lautet dann die Devise und diese Konstellation dürfte über die Zeit allen

---

[18]Über Absolutheitsansprüche als Methode kann ein Netzwerk auch gezielt unterwandert werden.

unangenehm auffallen, die mit den Zusammenkünften die Absicht verknüpfen, etwas auf die Beine stellen zu wollen.

Zum Glück kann ein einzelnes Mitglied nicht ohne Weiteres in eine in sich gefestigte Gruppe einbrechen. Ein weiterer Grund, der für einen ersten soliden Diskurs innerhalb einer Kerngruppe spricht.

Alle Mitglieder nehmen die störende Botschaft und den Boten simultan wahr und registrieren gemeinsam die einseitigen Fokusverschiebungen durch das besagte Mitglied.

Man sollte im Allgemeinen den Boten nicht mit der Botschaft verwechseln oder gleichsetzen, aber intuitiv ist eine in sich gefestigte Gruppe dahingehend sensibilisiert, wann Beiträge konstruktiv sachdienlicher Natur sind oder die Wirkungen überwiegend in Bezug auf die Stabilität des Diskurses zielen.

Hilfreich wäre es natürlich, wenn die Gruppe bereits über einen Konsens der Handlung festgelegt hat, was denn eigentlich gemeinsam erreicht werden soll. Dann haben destruktive Eingaben in den Diskurs kaum eine Chance auf eine erfolgreiche Desorientierung. Man könnte auch sagen, dass die Gruppe mit dem Konsens der Handlung ihre Schäfchen ins Trockene gebracht hat.

Der Fokus verschiebt sich dann postwendend in Richtung *Störenfried* zurück, und wenn dieser seinen Kurs beibehält, dann wird er stillschweigend oder offen aufgefordert, sich nun endlich dem geltenden Konsens anzuschließen oder die Gruppe zu verlassen.

Haben sich problematische Mitglieder verabschiedet, so haben Nachfolger mit einer ähnlichen Kommunikationsstrategie aufgrund der Möglichkeit auf Wiedererkennung schlechtere Karten, insofern die Gruppe hier eine Lernkurve bewusst gemeinsam wahrnahm. Allein der Beitritt eines neuen Mitgliedes nach einem möglicherweise emotional begleiteten Austritt wird gemeinsam aufmerksamer beobachtet als noch zuvor. Bestenfalls.

Sind derartige Situationen noch in weiter Ferne und sucht sich die Aktiva noch, dann kann hier hoffentlich ein etwas zwischengeschobener Rat helfen: Anstatt bis zum Sankt-Nimmerleins-Tag aus fünf Aktiven eine Verdreifachung an „Manpower" innerhalb der Kerngruppe anzustreben oder gar zu versuchen, die Passiva zu aktivieren, sollte man ein provisorisches Projekt mit Signalwirkung mit der kleineren (aber vorhandenen) Besatzung anstreben. Warum?

Erstens: Die bis dahin existierende Aktiva lernt sich über ein gemeinsames Projekt kennen – dies ist eine gänzlich andere Situation als der wöchentliche Sitzkreis im Netzwerk. Dieser Aspekt kann eigentlich nicht hoch genug eingeschätzt werden, denn in dieser frühen Phase kann sich innerhalb der noch kleinen Aktiva im Zuge des Projektes in Ruhe das Vertrauen aufbauen, welches in späteren möglicherweise größeren Konstellationen in Fragen der Diskursstabilität, beispielsweise im Konfliktfall, den Ausschlag geben kann.

Zweitens: Im Netzwerkdiskurs entsteht durch das Projekt Bewegung. Es geschieht etwas und das registriert die Passiva. Angebote sind Anschlussmöglichkeiten, und wer sich dahingehend bemüht, zeigt sich gestalterisch. Gestaltung prägt ein Netzwerk – *also nicht lange fackeln, wenn man bereits eine kleine informelle Kerngruppe gefunden hat!*

Drittens: Wenn im Netzwerk eine klar erkennbare Aktiva existiert, dann können andere potenziell aktive Teilnehmer den Weg zu ihr finden.

Die drei Argumente weisen demnach in die Richtung, sich früh zu finden und anhand der Kompetenzen der Kerngruppe zeitnah etwas umzusetzen. Vielleicht kommt es sogar zunächst weniger auf den Inhalt des ersten Vorhabens an, als auf den Aufbau von Vertrauen in die eigene Handlungsfähigkeit innerhalb der neuen Kerngruppe und auf das erste Signal an das Netzwerk: *Wir haben uns gefunden und hier geschieht etwas!*

Ein vorhandener Anlass, der das Gefühl der Ratlosigkeit und Ohnmacht nach sich zieht, wird dafür sorgen, dass dieses erste Signal vom Netzwerk in der Regel wohlwollend als Entlastung und Perspektive aufgenommen wird. Es gilt allerdings auch: Ist das Netzwerk perspektiv- und ratlos genug, dann hat jeder Bauernfänger von weit her freie Bahn. Schon deswegen sollten regionale Gruppen stets eher unterstützt werden als Heilsversprecher aus der Ferne, weil sie besser erreich- und überprüfbar sind. Ebenfalls sollten lokale Vernetzung und soziale Bindungen unterstützt werden, weil man sich besser beteiligen kann, wenn der Wunsch nach eigenem politischen Engagement besteht oder über die Zeit entsteht.

Fall 2: Absolutheitsansprüche eines einzelnen Mitglieds

Wir haben mit der Relativierung des Anlasses durch ein Mitglied bereits auf einige Schwierigkeiten in den Anfängen der Gruppenentwicklung hingewiesen. Doch die Möglichkeit aufkommender Absolutheitsansprüche besteht innerhalb einer Gruppe bzw. Kerngruppe durchgängig. Diese können zu jedem Zeitpunkt den Diskurs belasten und kommen oftmals als enttäuschte Erwartungshaltungen zum Ausdruck. Dass nach längerer Zeit derartige „Enttäuschungen" an die Diskursoberfläche treten, finden wir im Themenfeld *Motivation* begründet, welches später noch separat angesprochen gehört.

Mehrmals erlebte ich die Situation der Androhung eines Austritts eines Einzelnen, wenn die Bedingung XY von der Gruppe nicht erfüllt werden würde. Derartige Ansprüche setzen jeden Diskurs unter Druck und es ist wohl nicht falsch zu sagen, dass zum einen alle

Beteiligten mit einem unguten Gefühl diese Situation wahrnehmen und zum anderen aufkommende negative Emotionen im Zuge des Gruppenbildungsprozesses als eine Art *Währung des Scheiterns* angesehen werden kann.

Doch muss dieser Umstand so bleiben?

Der gemeinschaftliche Rückhalt hat einen Eigenwert. Es sind zwar schlimme Dinge in der Gesellschaft geschehen, aber eine stabile Gruppe sich sympathischer Menschen hat sich gebildet, die sich wohl ohne Anlass womöglich nie begegnet wären. Die schlimmen Veränderungen förderten somit auch Gutes zu Tage und der daraus entstandene Eigenwert eines Gruppenbildungsprozesses zeigt seine Berechtigung gegenüber dem Anlass.

In einer durch Konsens orientierten Gruppe darf zum einen das Entstehen thematischer Abhängigkeiten in Bezug auf einzelne Mitglieder nicht dauerhaft etabliert sein (Risiko von Privilegien, Unersetzlichkeit etc.). Zum anderen darf aber auch kein Absolutheitsanspruch auf ein Interesse durch Einzelne erhoben werden können. Beides schließt ein bestehender Konsens aus und somit auch die Möglichkeit, dass ein Mitglied mit seinem Austritt droht, wenn geforderte Bedingungen nicht erfüllt werden.

Ein Konsens ist logisch allgemein und für alle bindend und geteilte Zustimmung zugleich. Leider wird dies im Diskurs allzu oft vergessen oder missverstanden. Entweder sind die gewünschten Bedingungen Teil eines Konsens gewesen, dann macht aber die relativierende Forderung eines Mitglieds keinen Sinn. Oder die vorherige Vereinbarung galt ohne die Zustimmung aller – dann existierte logischerweise kein Konsens.

Um einer weiteren Präzisierung Willen stellen wir dem Konsens-Begriff ein anderes Abstimmungsverfahren gegenüber.

Beginn eines Exkurses: Konsens vs. Konsent

In einer Diskussion zum Thema Gruppenbildung, in der Zeit als dieses Buches entstand, kam die Frage nach weiteren Abstimmungsverfahren auf und ich musste auf die Unterschiede etwas stärker eingehen. Das werde ich auch hier nun tun.

Während alle möglichen Widersprüche in einem Konsens aufgelöst sind, werden in einem Konsent „Bedenken" während der Entscheidungsfindung ausgeschlossen und nur „schwerwiegende Einwände" berücksichtigt – grob vereinfacht ausgedrückt.

Nun, was aber einen schwerwiegenden Einwand darstellt, wird letztendlich wieder über einen Konsens definiert und gemeinsam anerkannt werden müssen. Wir haben also, wie so oft, lediglich eine Verlagerung des Problems.[19]

Doch: Wir befinden uns hier thematisch auf der Ebene der Gruppenbildung in einer gesellschaftlich ambivalenten Phase, die Organisation im Sinne politischen Widerstandes in irgendeiner Form nun überhaupt notwendig erscheinen lässt. Der gesamte Entwicklungsprozess ist demnach – bis ins Existenzielle – ambivalent.

In diesem Stadium halte ich die Trennung u.a. zwischen Konsens und Konsent für nicht hilfreich. Dies gilt auch für demokratische Wahlen oder andere methodische Varianten der Abstimmung.

Hier gilt gegenüber dem bedrohlichen Anlass über einen ersten Konsens der Wahrnehmung eine geteilte Anschauung zu verankern, die einen Konsens der Handlung erst einmal möglich macht und bis dahin einen stabilen Diskurs gewährt.

Ende des Exkurses

---

[19]Und eine überaus traditionelle dazu, denn nicht zufällig liegt die Definitionsgewalt über den Ausnahmezustand eines Staates nicht in der Hand aller Diskursteilnehmer.

Weil der Konsens eine obligatorische Voraussetzung in diesem Ansatz darstellt, wird provokativ gefragt, wie konnte es geschehen, dass Unmut aufkam, wo doch alle Mitglieder an den Entscheidungen gleichberechtigt beteiligt waren? Worauf basierten die getroffenen Vereinbarungen wirklich und sind Entscheidungen tatsächlich im Konsens gefällt worden?

Wenn dem so war, dann ist die Fortführung des Projektes auf sicheren Füßen und niemand kann einen plausiblen Grund aufweisen, sich zu beschweren. Diese Folge ist der wohl beste Nachweis für den Konsens selbst.

Wenn nicht, dann folgen Entscheidungen, die früher oder später zu faulen Kompromissen mit der Konsequenz führen, dass sich im Laufe der Diskursentwicklung nur bei einem Teil der Gruppe eine Einigkeit zeigt, die leider kein gemeinschaftlicher Konsens mehr sein kann.

Je später dieser Umstand für alle Mitglieder erkennbar wird, desto nachhaltiger verliert die zukünftige Wahrung der Diskursstabilität ihre grundlegende Stütze.

Bilden sich in der Kerngruppe Interessengeflechte und Fraktionen, dazu kommen wir gleich, dann gilt unausgesprochen ein Übergang der Priorität hin zu einer interessengeleiteten Sachebene, weg von der Wahrung der Integrität des Diskurses.

Der konkrete Interessengegenstand obsiegt durch eine nur teilweise Einhelligkeit in der Gruppe gegenüber der zuvor noch eingeschworenen Konstellation der Gesamtgruppe. Der Konflikt folgt in kürzester Zeit.

Es ist anzunehmen, dass es auf der Beziehungsebene der Beteiligten zu Spannungen und Vertrauensverlusten kommen wird, was einen Wechsel der Zusammensetzung der Kerngruppe wahrscheinlich werden lässt, wenn es ihr nicht gelingt, den neuen Anspruch in den geltenden Konsens erfolgreich zu integrieren.[20]

Abbildung 3.10: Fall 2: Erhebung eines Absolutheitsanspruches

Das Signal in Richtung Netzwerk wird zwangsläufig Desorientierung hervorrufen, insofern die Kerngruppe zuvor Orientierung bot, und natürlich Vertrauensverlust ebenfalls nach sich ziehen.

Es ist nicht schwer einzusehen, dass eine Gruppe, deren Mitglieder sich gegenseitig nicht vertrauen, auch von außen betrachtet, nicht vertrauenswürdig ist.

Fall 3: Absolutheitsansprüche mehrerer Mitglieder (Fraktion)

Gefährlicher als Absolutheitsansprüche eines Einzelnen sind hingegen Ansprüche im Zuge einer „unfreiwilligen" Fraktionsbildung.

---

[20]Siehe den Abschnitt *Konkretion und Anschauung*, S. 149.

Wenn sich neu gebildete Fraktionen Absolutheitsansprüche hegen und diese in den Diskurs eingeben, dann liegt auch eine weitreichendere Gruppendynamik vor.

Die höhere Anzahl der Beteiligten sorgt nun für eine gegenseitige Stabilisierung im Sinne des neuen Anspruches und beeinflusst den Diskurs polarisierend, insofern sich eine stabile Teilgruppenidentität gemäß des neuen Interessengegenstandes entwickelt.

Die Frage, bist Du für oder gegen uns, wird dann gut erkennbar ausschlaggebend sein und kann schlimmstenfalls das ursprüngliche Gruppengefüge sprengen.

Bilden sich unfreiwillig Fraktionen, *unfreiwillig* meint hier ohne Zutun der übrigen, unbeteiligten Gruppenmitglieder, dann entstehen Subgruppen mit einer eigenen Orientierung. Ein verständlicherweise verstörender Prozess ereignet sich für alle Mitglieder, die der neuen Fraktion nicht angehören: Zuvor einer einmütigen Gemeinschaft zugehörig und plötzlich in eine Fraktion konservativer Ausprägung abgeschoben und damit wenigstens teilweise vom Gesamtgeschehen ausgeschlossen.

Denn die neue Fraktion zwingt den übrigen Teil der Gruppe ebenfalls in eine Fraktionsrolle, die sich gänzlich von der vorherigen einhelligen Gemeinschaft unterscheidet.

Vollzieht sich dieser Prozess unkontrolliert, so gerät der Diskurs ins Wanken und äußert sich dann in unausgesprochenen Erwartungen, Enttäuschungen, Vorwürfen, Projektionen, negativen Emotionen bis hin zu Aversionen gegenüber einzelnen Mitgliedern oder der jeweils anderen Fraktion.

Diese Spaltung oder Lagerbildung macht strukturell eine erneute Konsensbildung unmöglich und dies gilt, bleibt der Zustand ungeklärt, schlussendlich auch für eine gemeinsame Wahrung des Diskur-

Abbildung 3.11: Fall 3: unfreiwillige Fraktionsbildung

ses. Durch das sich durchsetzende Konfliktpotenzial kommt es sehr wahrscheinlich zu einer Veränderung der Gruppenkonstellation.

Der Grund hierfür liegt in den voneinander zu unterscheidenden Grundintentionen, welche den jeweiligen Fraktionen einen eigenen thematischen Schwerpunkt geben.

Derartige Neudefinitions- und Abgrenzungsprozesse liefern viel Energie im Gruppenbildungsprozess, doch leider werden diese scheinbar eher selten hinreichend abstrakt und distanziert betrachtet, so dass Konfliktsituationen über die Zeit erwartbar werden.

Der bisherige Rahmen (Konsens und Diskurs) der Gruppenentwicklung hat dann seine ursprüngliche Bedeutung verloren.

Bitte jegliche Wertung dieses Prozesses vermeiden, so schwer es auch fallen mag. Nehmen wir an, eine anfänglich gute Idee wird durch eine bessere ersetzt, so bildet sich eine neue Fraktion im Sinne der neuen und besseren Idee.

Wird die neue Idee nicht einhellig im Konsens von allen Mitglieder mitgetragen, dann erfolgt die Überforderung auf Diskursebene unaufhaltsam.

Wirklich tragisch wird es, wenn sowohl der alte als auch der neue Konsens für die Umsetzung mehr Mitglieder bedürfen als in den jeweiligen Parteien jeweils vorhanden sind. Wenn ein Projekt ursprünglich zwanzig Mitglieder hat, zur Durchführung beide konkurrierenden Projekte jeweils fünfzehn Teilnehmer bedürfen, aber die Spaltung symmetrisch ausfällt – „worst case!" würde ich sagen.

Ob die Träger der besseren Idee, die sie durchsetzen wollten, sich der Verluste auf Diskursebene bewusst waren? Wenigstens sollte einmal darüber nachgedacht werden, welche Folgen auf die mögliche Unstimmigkeit im Diskurs erwartbar sind.

Allerdings gilt ein weiteres Problem auf Diskursebene: Es sind beide Konsensarten[21] insofern aufgehoben, dass die vorherige Einhelligkeit eines gemeinsamen Vorhabens dem neuen Konfliktpotenzial und den damit einhergehenden Vertrauensverlust weicht.

Auf ein Anschauungsproblem folgt ein Interessenkonflikt. Durch mehrere Anschauungen im Diskurs wird es schlichtweg unmöglich, einen gemeinsamen Gegenstand einhellig zu bestimmen. Es kommt zum „Sichtweisen"-Gerangel, dessen Resultat sich in der irrationalen und nicht sonderlich plausibel klingenden Haltung widerspiegelt, *die jeweils andere Seite sehe die Dinge von Grund auf falsch.* Doch wir wissen: Über Partialinteressen lässt sich kein Konsens aufbauen.[22]

Möglicherweise besteht der größte Schaden dahingehend, wenn daraufhin die ausscheidenden Mitglieder in Zukunft auf einen Beitritt

---

[21] Der Wahrnehmung und der Handlung (gestrichelte Kreise in Abbildung 3.12).
[22] Daran versuchen sich unsere Eliten schon seit Jahrtausenden und überzeugen meist nur durch Gewalt – also gar nicht.

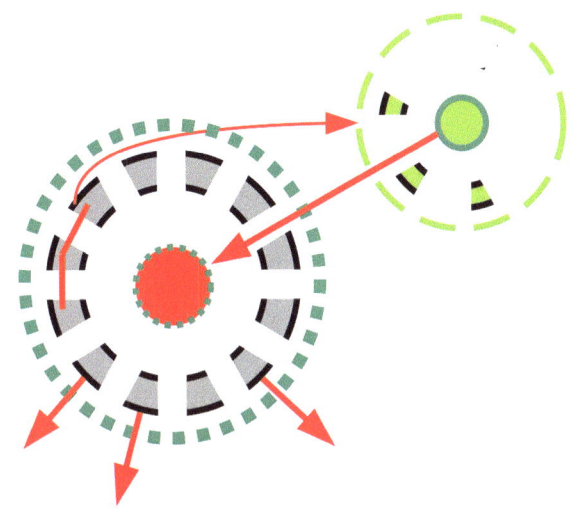

Abbildung 3.12: Fall 3: Auflösung beider Konsensarten

einer politischen Gruppe gänzlich verzichten und von einer Unterstützung derartiger Projekte aus Enttäuschung Abstand nehmen.

Auch eine Art, einen im Grunde kritischen Teil der Gesellschaft zu entmutigen und damit zu entpolitisieren. Somit ergänzt ironischerweise das Unvermögen so mancher politisch motivierten Gruppe und unterstützt das Staatsanliegen sogar.

Die Dynamiken der Gruppe werden während der Spaltung und aufgrund des Gruppendrucks kaum noch hinterfragbar. Im Unterschied zur Einzelperson kann gegenüber einer Gruppe nicht auf Einsicht gepocht werden. Gruppen besitzen keine Gruppeneinsicht, -reue oder -gewissen, da dies primär Erzeugnisse von Reflexionen sind, nicht von Kommunikation.

Die Fähigkeit zu einem geteilten Interesse hingegen ist und bleibt eine unserer wertvollsten Eigenschaften unserer Spezies. Dieses

Interesse muss aber dann auch einhellig gemeinsam geteilt werden. Sonst wenden sich die vorherigen Vorteile dieser Fähigkeit gegen die Gemeinschaft.

Das exklusive Interesse beschleunigt zwar die Kommunikation innerhalb der neuen Fraktion, aber dies geschieht zumeist im Hinblick auf die Konsequenzen mit einem Tunnelblick und leider auf Kosten der Diskursstabilität der Gesamtgruppe.

Eine Tonne abstrakter Vorstellungen werden von einem Gramm Konkretion verdrängt. Hier können konkrete Begehrlichkeiten eine Sollbruchstelle für ansonsten stabile und noch planungsfreudige Diskurse zum Verhängnis werden.

Ein einzelnes Mitglied könnte sich noch hinterfragen, ob die neue Idee hinreichend lohnenswert ist, diese auch auf Kosten der Diskursstabilität durchzusetzen. Wohlgemerkt, hier besteht noch die Möglichkeit einer halbwegs neutralen Abwägung dazu. Hingegen kann eine Fraktion dies aufgrund ihres geteilten und konkreten Interesses nicht und die sich einander bestärkenden Mitglieder der neuen Subgruppe verstecken sich schlussendlich hinter der Anonymität der Gruppendynamik. Ein Interesse bricht sich Bahn...

Übereinstimmung in Bezug auf den Gegenstand des Interesses, vermeintliche Solidarität wie auch polarisierte und selektive Wahrnehmung kennzeichnen die neue interessengeleitete Fraktion. Um die Austritte der konservativen Mitglieder wird zwar getrauert, aber der ursprüngliche Konsens wird dennoch nicht wieder hergestellt.

Man könnte auch sagen, eine neue *Peergroup* mit einer eigenen Innen-Außen-Definition hat sich gebildet und behauptet sich nun im Diskurs.

Unerwartete Parallelentwicklungen innerhalb einer Gruppe sind in jedem Gruppengefüge riskant, ob nun innerhalb von Staaten, Reli-

gionen, gesellschaftlichen Klassen sowie in jeder anderen organisierten Gruppen- bzw. Gemeinschaftsform. Nicht ganz unbegründet,
liegt eine der Hauptfunktionen von Staaten in der Verhinderung von
gesellschaftlichen Parallelentwicklungen und der Gefahr eines physischen Kräftemessen mit der Staatsmacht in Form von Aufständen.

Es gilt aber auch: Das „Gemeine" einer Gemeinschaft wird stets
durch das relativierende Neuaufkommen einer Untergruppe in Frage
gestellt. Die liberalen und konservativen Anteile einer Gruppe geraten in Konflikt, was zumeist mit einer Spaltung endet. Derartige
Prozesse sind schwer zu integrieren, wenn die Frage im Raum steht,
ob man sich an die alten Regeln halten sollte – oder eben nicht.

Der Moment des gewaltsamen Konfliktes innerhalb einer Gesellschaft, der nicht unerheblich unsere Geschichte mitgestaltete, ergibt
sich nicht zuletzt dadurch, dass mit einer Kritik der Verhältnisse,
auch die jeweiligen Privilegienträger bzw. Autoritäten zugleich infrage gestellt werden.

Das Zulassen der Kritik gegenüber dem gesellschaftlichen Ordnungs-
gefüge, heißt auch, das Machtgefüge zu riskieren. Solange unsere
Spezies in diesem Sinne konstruktive Kritik nicht für selbstverständlich hält und zulässt, kann Demokratie nur ein Mittel der Täuschung
sein.

Vor diesem geradezu anthropologischen Hintergrund soll hier als
Lösungsansatz gegenüber der Normalform der unfreiwilligen Fraktionsbildung eine ideale freiwillige Variante entgegengesetzt werden.

Fall 4: Freiwillige Fraktionierung

Gehen wir von einem Ideal aus. Die Gruppenmitglieder teilen bewusst eine gemeinsame Sichtweise auf Diskurs und Konsens und
sind sich über die Wichtigkeit der Wahrung und Einhaltung im Sinne

des gemeinsamen Vorhabens einig. Eine neue Idee wird geboren und einige Mitglieder sympathisieren mit ihr. Die neue Idee erfährt im alten Gefüge einen eigenen Stellenwert und die Beteiligten überdenken ihre Rollen im Zusammenhang mit folgenden Fragen:

- *Wie erhalten wir das Alte und integrieren das Neue?*
- *Muss für das Neue im Alten ein Opfer erbracht werden?*
- *Wie muss der Diskurs angepasst werden und wie bleibt der ursprüngliche Konsens unangetastet?*

Wir erinnern uns: Die einseitige Relativierung des geltenden Konsens durch eine neue Fraktion bedeutet in jedem Fall einen Bruch im Diskurs.

Beachten wir zunächst: Eine stabile Gruppe lebt von den geteilten Einzeleinsichten der Individuen. Solange eine Gruppe in sich stabil ist, weil die einzelnen Mitglieder für sich und für das gemeinsame Vorhaben einen individuellen Sinn gefunden haben und diesen auch mit anderen Mitgliedern kommunizieren und teilen, solange bleibt der ursprüngliche Anlass und die Einsicht in die Notwendigkeit gewahrt.

Mit dem Aufkommen von Interessensdifferenzen, Alphatier-Gehabe, Idealismusstreit etc. geht zumeist eine Gruppendynamik einher, die den Diskurs bis ins Mark erschüttern kann.

In Verbindung mit negativen Emotionen bis hin zu Aversionen der Beteiligten untereinander lösen sich Gruppen zumeist ungütlich auf und auch eine zukünftige Wiederaufnahme einmal beendeter Korrespondenz wird unwahrscheinlich.

Bemerkt man dahingehend, dass oftmals die genuinen Gründe (sprich der Anlass) für die Gruppenbildung unbeirrt fortbestehen, so können wir während eines Gruppenzerfalls von einer doppelten Tragik sprechen. Zum einen tritt eine stabile, gebündelte Reaktion mehrerer Menschen nicht ein und zum anderen entstehen aus unsachlichen, zumeist aus Rollenmissverständnissen oder unterschiedlichen Interessenschwerpunkten die häufigen „Erwartungs-Enttäuschung-Vorwurfs"-Situationen.

Nach kürzester Zeit können die negativen emotionalen Folgen zum Tragen kommen. Der Diskurs gerät in eine Schieflage und ohne adäquate Reaktionen besonnener Mitglieder ist der Zerfall im Gruppenbildungsprozess bereits vorprogrammiert.

Doch anstatt einer Spaltung oder gar Zerfall einer Gruppe durch unfreiwillige Fraktionsbildung anheim zufallen, kann eine frühzeitige und freiwillige Umgruppierung durch die betreffenden Teilnehmer selbst stattfinden. Wir sprechen hier von einer *freiwilligen Fraktionsbildung*, wenn Teilnehmer u.a. aufgrund ihrer Kompetenzen eine Untergruppe bilden, die ihre gesammelte Fraktionskompetenz der Gesamtgruppe unter Bezugnahme des alten Vereinbarungsrahmens zur Verfügung stellen.

Sollte diese Möglichkeit als Option für jedes Mitglied nutzbar im Raum stehen, dann kann man auf die üblichen Machtkämpfe verzichten. Vorausgesetzt, man versteht, warum ein derartiges Vorgehen sinnvoll ist und da braucht es eben auch ein wenig Einblick in die Mechanismen eines Diskurses – und zwar bevor das Kind in den Brunnen fällt.

Der gänzliche Gruppenzerfall kann also durch eine freiwillige Fraktionsbildung eingedämmt werden, wenn sich hier zügig folgender möglicher Ausgang der Gruppenentwicklung vor Augen geführt wird: Sind die gegensätzlichen Motive einander tatsächlich ausschließend und negative Emotionen bereits Aspekte der Gruppendynamik, dann wird auf Dauer ein nachhaltiger Zerfall der Gruppe die Folge sein. Beide Seiten werden Verluste erleben und die organisatorischen Handlungsreichweiten werden allgemein verringert. Mit dem Gruppenzerfall schrumpft auch das Handlungspotenzial.

Wird dieser Ausgang wirklich von einem Gruppenmitglied gewünscht?

Der Akzeptanz der freiwilligen Fraktionierung geht die weiterhin gemeinsame Zielsetzung und ein offener, transparenter Einblick in die Situation der neuen Untergruppe voraus. Für diese konstruktive Form der Umstellung kann hier das bei der Gesamtgruppe (als auch Individuen) angewandte Motiv der „diskreten Bahn " dienen.

Auch Subgruppen können sich auf die Suche nach einer „diskreten Bahn" machen, ohne dem Diskurs der Gesamtgruppe zu schaden.

Leider gehen Gruppen mit unterschiedlichen Interessenlagen, so kennen wir das nicht nur aus Hollywood, nicht gerade zimperlich miteinander um. So wird gern behauptet, dass das Alte zerstört werden muss, damit das Neue kommen kann. Ich halte diesen Standpunkt für falsch. Lernen wir zu integrieren, dann haben neue Möglichkeiten immer eine Chance und das Alte behält seine Funktionen, solange wir derer noch bedürfen.

Zur Erinnerung: Die beiden Fragen, wer kann was und was wollen (was können) wir gemeinsam erreichen, ziehen eine notwendige Klärung schon von Haus aus nach sich, die leider selten im Gruppenbildungsprozess hinreichend erfolgt. Erschwerend kommen mit der Zeit neue, zuvor unausgesprochene Erwartungshaltungen hinzu.

Die Erfüllung einer notwendigen Bedingung bleibt aus, stattdessen schleicht sich ein neuer Aspekt belastend ein. Zu alten ungeklärten Fragen kommen neue, fordernde hinzu. Beide Punkte basieren scheinbar ewig wiederkehrend u.a. auf einer unzureichenden Klärung der Motivationen der Beteiligten im Gruppenbildungsprozess.

Die Einrichtung von separaten Arbeitsgruppen und einer damit verbundenen Kompetenz- und Arbeitsteilung ist wohl einer der besten Hinweise auf eine gelingende freiwillige Fraktionsbildung. Ein Beispiel: Zu Anfang der Gruppenbildung sprechen wir von einem lockeren Netzwerk, in dem sich mehrere IT-Spezialisten befinden.

Es ist nicht von der Hand zu weisen, dass viele Vorhaben von Gruppen auch eine digitale Seite beinhalten können und natürlich zeigen sich professionelle ITler oder fortgeschrittene Laien offener bzgl. der Übernahme derartiger Aufgaben. Arbeits- oder Kompetenzgruppen können bereits zu einer erwünschten Form der Fraktionsbildung führen.

Wichtig hierbei ist, dass während oder nach dem erfolgreichen Gruppenbildungsprozess die ITler nicht auf die Idee kommen, gegen den bestehenden Konsens eines gemeinsamen politischen Vorhabens ein kommerzielles IT-Unternehmen zu gründen, mit einem bequemerweise schon vorhandenen Kundenstamm. Hier würde es dann zum Bruch kommen.

Die Infragestellung einer vorherigen Übereinkunft ist stets eine schwierige Angelegenheit, denn bereits oberflächlich anmutende Änderungen des Selbstverständnisses können die gemeinsam geteilte Anschauung gefährden und die Mitglieder dazu veranlassen, sich innerlich von der Gruppe zu distanzieren.

Die Lösung kann nur in einer Integration des Neuen in den bestehenden Konsens der Handlung bestehen.[23]

So kann sich die Gruppe weiterentwickeln, ohne sich von dem bisherigen Übereinkünften distanzieren zu müssen. Merke: Jede derartige Distanzierung führt zu einem Schwinden der zuvor noch gemeinsamen Anschauung und dadurch zu Vertrauensverlust.

Natürlich lassen sich mit jeder Veränderung auch neue Mitglieder finden, denn schließlich ist die Tür im Falle einer Neuorientierung in

---

[23] Siehe dazu die Abbildungen 3.14 u. 3.15.

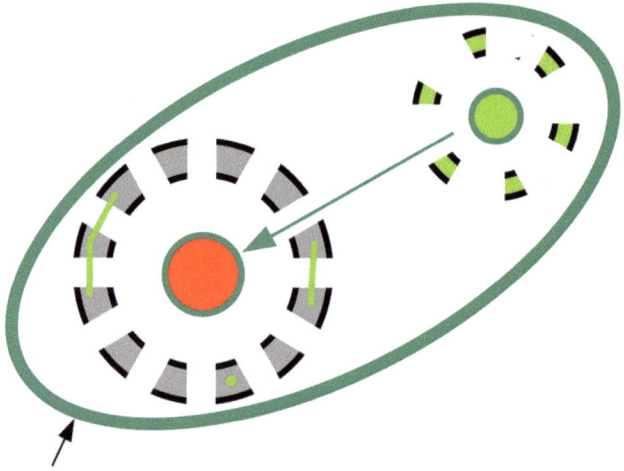

Konsens der Handlung

Abbildung 3.13: Fall 4b: Freiwillige Fraktionierung

beide Richtungen offen. Doch mit der Aufnahme neuer Mitglieder ändern sich geteilte und sichergeglaubte Vereinbarungen des stabilen Kerns der Gruppe, von denen die Neulinge im Hinblick auf den bisherigen Verlauf der Gruppenentwicklung nichts wissen können.

Mit anderen Worten: Mit einer anderen Zusammensetzung (durch Bei- oder Austritt) verändert sich auch die Kompetenzlage der Mitglieder und die daran geknüpften Möglichkeiten und Grenzen des gemeinsamen Vorhabens.

Eine Herausforderung bei Änderungen der Gruppenzusammensetzung besteht stets darin, auch neue Mitglieder in einem stabilen Prozess adäquat einzubinden. Gleichzeitig kann sich durch den Wechsel der Mitglieder aber der Kompetenzrahmen derart ändern, dass es zu Austritten kommt, weil der bestehende Konsens so nicht mehr eingehalten werden kann.

142

Der neue Konsens kann natürlich auch wieder neue Mitglieder begeistern bzw. zu neuen Austritten führen usw. usf. Im folgenden Abschnitt wird angedeutet, dass bestimmte Formen von Priorisierung ebenfalls einen wichtigen Aspekt im Gruppenbildungsprozess darstellen.

Die Erfahrung, Probleme gemeinsam sachlich gelöst zu haben, stellt den Gegenwert erfolgreicher Organisation dar und man kann eine höhere Reichweite des Handelns sein Eigen nennen. Darauf folgt auch die Erfahrung einer neuen Form von Freiheit, auf die die Gruppe möglicherweise in Zukunft nicht mehr verzichten möchte, gerade wenn man sich organisiert, um einem Gefühl der Ohnmacht entgegenwirken zu wollen.

Neben der Möglichkeit einer festen Gemeinschaft als Folge bedrohlicher Umstände können die geteilten, traumatischen Erfahrungen die Einsicht in die Notwendigkeit aufrecht halten.

*Die C-Krise ist erst der Anfang. Es ist noch lange nicht vorbei. Gut, dass wir uns gefunden haben, unabhängig davon, welche Sau gerade durch das Dorf getrieben wird. Auch die zukünftigen Probleme werden **wir** lösen. Alles wird gut – aber nicht ohne unser Zutun!*

Ich hoffe, es wurde mit diesem Beispiel ein weiterer Hinweis geliefert, warum eine Kerngruppe in ihrer personellen Zusammensetzung möglichst stabil sein sollte. Instabile Kerngruppen führen wohl kaum zu netzwerkweiten Langzeitprojekten.

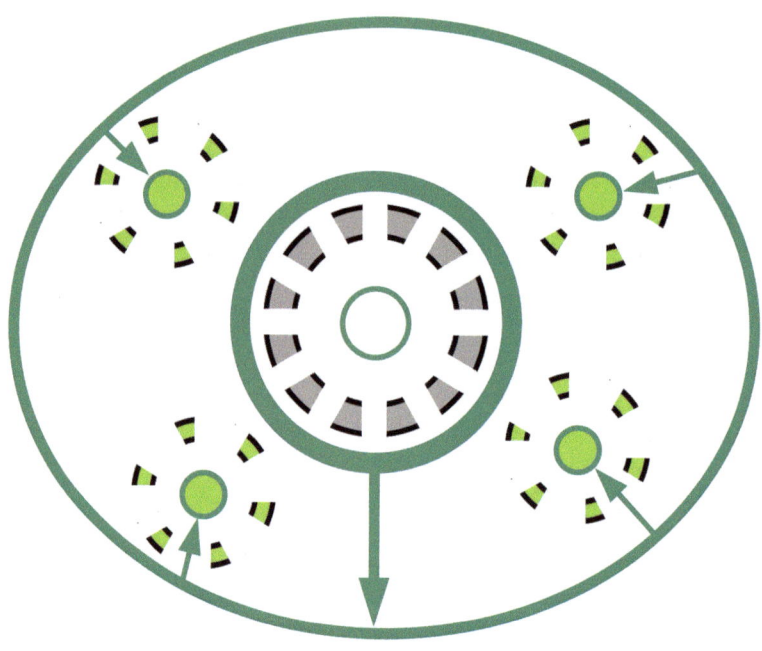

Abbildung 3.14: Auf einen stabilen Diskurs folgt Organisation

3.6 Zwei Formen der Priorisierung

Wenn wir die vorherigen Abschnitte ein wenig verdaut haben, dann soll ein kleines, aber ebenfalls grundlegendes Thema dem Komplex Gruppenbildung hinzufügt werden. Es sollen zwei Formen von Priorisierung vor- und kontrastierend gegenübergestellt werden.

Als Ausgangspunkt der Überlegung gehen wir von zwei Gruppen aus, die sich über längere Zeit gebildet haben und sich wie folgt beschreiben lassen:

Die erste Gruppe hat sich lokal gefunden und folgt dem Credo: *Auf eine stabile Gruppe folgen stabile Projekte.* In der Gruppenbildungsphase fanden vereinzelte Wechsel der Zusammensetzung der Mitglieder statt, aber ab einem bestimmten Augenblick traten nur noch marginal Neuzugänge auf und es waren über einen sehr langen Zeitraum keine Austritte zu verzeichnen.

In dieser Phase war die Gruppe sehr stabil. Einige wenige Projekte liefen dementsprechend konstant. Die Projekte standen in einem adäquaten Verhältnis zu den Kompetenzen und Kapazitäten der Mitglieder.

Es entstand im umliegenden Netzwerk zwar keine Euphorie, aber über die Zeit wurde diese Gruppe anerkennend wahrgenommen und es folgten über die Angebote der Gruppe feste Anlaufpunkte für das umliegende Netzwerk. In der Gruppe verteilte sich die Verantwortung für die Projekte gleichmäßig, so dass jeder auch ein Interesse an der Einhaltung von den gemeinsam getroffenen Vereinbarungen hatte.

Alles lief gut und kein Mitglied sah einen Grund, diese Gruppe zu verlassen.

145

Niemand übernahm sich, jeder konnte an jeder Stelle zeitweilig vertreten werden. Es stellte sich über diese Phase hinweg die Gewissheit ein, dass alles gemeinsam geklärt werden würde und wurde durchgängig die Einsicht geteilt, dass man aufeinander angewiesen war. Vertrauen war nie ein Gesprächsthema gewesen, weil es schlichtweg existierte – wohl auch, weil man im Zuge einer gemeinsamen Anschauung anerkannte, hier gar keine andere Wahl zu haben, als sich zu vertrauen.

Man trat des Öfteren von außen an die Gruppe heran und es ergaben sich neue Möglichkeiten der Kooperation, an denen dann auch Externe beteiligt waren, aber nie derart Einflussmöglichkeiten auf diese Gruppe erhielten, als dass ihre gemeinsam geteilte Einhelligkeit je davon tangiert worden wäre.

Die Art der Zusammenarbeit als auch das sich darauf entwickelnde Gemeinschaftsdenken blieb über eine lange Zeit äußerst stabil.

Kommen wir zur zweiten Gruppe.

In dieser wurde sich in der Gruppenbildungsphase auf Ziele geeinigt, deren Erreichung um jeden Preis gelingen soll. So zumindest der anfängliche Tenor.

Diese Gruppe blieb stets in einem ständigen Wechsel. Mitglieder kamen, Mitglieder gingen und es spielten bei den Austritten mal mehr mal weniger Interessenkonflikte eine Rolle.

Tatsächlich befanden sich die teilweise gemeinsamen, teilweise egoistischen Ziele in einem ständigen Wandel, aber in einer Reihe von Phasen wurden unterschiedlichste Meilensteine gesetzt (z.B. Rollen und Aufgaben zeitweilig strukturiert verteilt, über Körperschaften gearbeitet, Immobilien erworben etc.).

Die Komplexität der Organisationsstruktur wuchs eine ganze Weile lang rasch an, bis tiefgreifendere Interessenkonflikte die ersten

Zerfallserscheinungen nach sich zogen. Neben dem durchgängigen Personalmangel und -wechsel blieb allerdings ein sehr kleiner harter Kern, nicht zuletzt der zwischendurch erzielten Resultate wegen. Dennoch galt im Gruppenbildungsprozess ein ständiges Kommen und Gehen und Einhelligkeit trat bestenfalls kurzfristig auf.

Ein Grund lag in der ständigen Verknüpfung zwischen den allgemeinen Zielen und persönlichen Motivationen und ökonomische Vorstellungen eroberten schnell den Diskurs. Missverständnisse, unausgesprochene Erwartungen, Enttäuschungen, Vorwürfe, ständige Verdächtigungen, Gerüchteküchen, die Gefahr neuer Lagerbildungen und allgemeines Misstrauen schwangen unterschwellig stets mit.

Oberflächlich galt zwar eine gemeinsame Anschauung, aber im Inneren der hochmotivierten Mitglieder brodelten eben auch persönliche Erwartungen unterschiedlichster Natur und diese warteten teilweise über lange Zeiträume und klammheimlich auf ihre Erfüllung. Ergaben sich über den ständigen Diskurswandel durch Partialinteressen neue Ideen, dann folgten Konflikte in einem ansonsten nicht sonderlich stabilen Diskurs.

Die Außenwahrnehmung der zweiten Gruppe seitens des Netzwerks war sehr zwiespältig. Diejenigen, die sich für die Gruppe interessierten, wurden größtenteils aus Eigeninteresse angelockt. Marketing ersetzte Integrität und die Gruppe genoss aufgrund von unschönen Eskapaden kein hohes Ansehen.

Dieser bestand aus wenigstens aus zwei Untergruppen, die jeweils eigene Schwerpunkte setzten. In dieser Gruppe schrumpfte mit dem ersten Aufkommen von Interessenkonflikten ständig die Gesamtgruppengröße.

Viele Mitglieder warfen desillusioniert und entkräftet das Handtuch. Schlussendlich lagen die gesammelten Früchte in der Hand einiger weniger Mitglieder, die sich von Beginn an besonders stark engagierten und die Dynamiken im Diskurs sehr erfolgreich ausgesessen hatten.

Allerdings mussten über die Zeit viele Projektvorhaben angepasst und teilweise rückabgewickelt werden, weil die Gruppe nun einmal ständig schrumpfte. Einige wenige Immobilien und Gewinne wurden in dieser Zeit erworben und erzielt worden. Diese wurden in der Endphase des Zerfalls teilweise wieder veräußert und verschwanden teilweise in dunklen Kanälen.

Soweit reicht die Charakterisierung wohl aus. Sicherlich sind beide Beschreibungen idealisierend und wohl eher selten in Reinform anzutreffen. Wir können davon ausgehen, dass beide Gruppen Charakteristika aufweisen, die normalerweise in Mischformen innerhalb von Gruppenbildungsprozessen anzutreffen sind.

Die Effektivität *in puncto* Projektumsetzung dürfte ein klarer Pluspunkt für die zweite Gruppe darstellen. Durch Interessen gesteuert ist der Mensch wohl mit am effektivsten. Und dieser Pluspunkt sollte nicht unterschätzt werden, denn gemeinsames Handeln wirkt von Natur aus gegen jedes Gefühl der Ohnmacht und immens stabilisierend auf den Diskurs bzw. auf eine Interessengruppe.

Erzielte Erfolge laden zum Mitmachen ein, wecken allerdings auch ständig neue Begehrlichkeiten. In der zweiten Gruppe gilt ein Konsens solange, bis er die Umsetzung neuer interessengeleiteter Vorstellungen verzögert. Dann wird recht direkt und gegen die vorhandene Diskursstabilität nachgeregelt und Verluste in Kauf genommen.

Konkretionen und der darauffolgende Wandel der noch zuvor geteilten Anschauung schaffen ständig neue (Un-)Einigkeiten und Ausschlüsse. Das ursprünglich gemeinsame Vorhaben tritt weiter und weiter in den Hintergrund.

Würde ich hier in einem Punkt beide Gruppen unterscheiden wollen, dann würde ich das Verhältnis zwischen *Konkretion und Anschauung* heranziehen, das bei beiden Gruppen sich völlig konträr darstellt.

In der ersten Gruppe gibt die gemeinsam geteilte Anschauung vor, was konkret möglich erscheint. In der zweiten Gruppe scheint das konkret Machbare, sich selbst die jeweils günstige Gruppenkonstellation zu wählen, denn durch die neugeweckten Begehrlichkeiten folgen auch neue Anschauungen des Möglichen, die zwar nicht von allen Mitgliedern geteilt werden, aber immer wieder neue Interessenten von außen anlocken.

Ein beachtlicher Prozess in beiden Gruppen, so dass wir uns das Verhältnis zwischen Konkretion und Anschauung genauer vergegenwärtigen wollen.

3.7 Konkretion und Anschauung

Kommen wir auf unsere Standardsituation zurück: Menschen treffen sich thematisch zum ersten Mal und alle sind euphorisch. Während der Zusammenkunft scheint alles möglich zu sein und im Verlauf wird Einigkeit demonstriert und es werden Pläne geschmiedet.

Welch' Glück, dass man sich getroffen hat. Was nicht alles möglich wäre, wenn doch nur die Gesellschaft gemeinsam die Ungerechtigkeiten dieser Welt anerkennen und sich bewegen würde. Warum begreifen die anderen das denn nicht?

Eine sinngemäße Zusammenfassung häufig vernommener Aussagen.

Wenn es allerdings richtig zur Sache geht, dann krempeln sich bereits beim ersten Treffen Freiwillige für unterschiedlichsten Vorhaben die Ärmel hoch und Aufgaben werden großzügig verteilt. Schließlich gibt es viel zu tun. Jemand protokolliert emsig das ganze Geschehen, damit alles seine Ordnung hat und es wird sich darauf geeinigt, dass man sich in Zukunft regelmäßig und vollzählig einfindet. Eine Kontaktliste wird erstellt, damit man sich im Notfall erreichen kann.

Tatsächlich kann sich der gemeinsame Tatendrang eine ganze Weile halten, wenn u.a. der Anlass wirkungsvoll bestehen bleibt, das wissen wir bereits. Doch neben den üblichen Bedrohungen für die gemeinsame Sache und einer Mannigfaltigkeit von möglichen Unstimmigkeiten unter den Gruppenmitgliedern, die die Netzwerke und Gruppen bestenfalls schrumpfen oder aufsplitten lassen, so gibt es ein Prinzip, das genau dann auf fatale Weise greift, wenn sich eine Gruppe zuvor gerade *erfolgreich* gebildet hat: die normative Kraft des Faktischen – oder hier einfach Konkretion genannt.

Hinter diesem harmlos klingenden Aspekt verbirgt sich ein – man könnte sagen – durchaus unterschätztes Prinzip des letztendlichen Scheiterns beim Wahren der Resultate eines zuvor gelungenen Gruppenbildungsprozesses.

Solange noch alle Vorhaben als Möglichkeit im Raum stehen, solange noch kein Spatenstich getätigt, noch kein Luftschloss in die Tat umgesetzt wurde, sind sich alle Beteiligten beste Freunde. Merke: *Die Konkretion eines Vorhabens ist häufig weniger schön als die initial geteilte Vorstellung von ihr.* Wie oft ist die Konkretion der Tod der Fantasie gewesen? Und wer hat schon gern dauerhaft für etwas den Hut auf, wenn Arbeit und Verantwortung daran hängen?

Nicht selten scheitert die Vielheit der möglichen und ersehnten Vorhaben bereits an den ersten Handgriffen – von einer kontinuierlichen Fortführung ganz zu schweigen. Diese erfordert kontinuierlich Energie, Engagement und Organisation. Dieser *Groschen* fällt selbst bei der Aktiva nicht selbstverständlich.

3.7. KONKRETION UND ANSCHAUUNG

Mit der Frage nach der Bedeutung der Konkretion soll auch gleich ein weiterer Begriff in der kommenden Überlegung miteinbezogen und das Verhältnis beider Aspekte betrachtet werden.

Um dieses zu erklären, muss ich einen weiteren Ausdruck hinzuziehen, der hauptsächlich für das Gelingen einer Gruppenbildung verantwortlich ist und sich als erhellend erweist, wenn wir z.b. über die langfristige Einhaltung von Vereinbarungen sprechen wollen. Gemeint ist eine gemeinsam geteilte *Anschauung* und es handelt sich in erster Linie hierbei um einen Sammelbegriff.

Er fasst die besprochenen Konsensarten, alle geteilten Einsichten und Motivationen der Gruppe zusammen. Jede Religion führt uns die einigende Kraft einer gemeinsamen Anschauung vor Augen und eine handlungsfähige Gruppe, wenn sie als Gemeinschaft überleben möchte, teilt grundlegend eine solche.

Eine erste Herbeiführung einer gemeinsamen Anschauung fällt in der Not nicht schwer. Darüber dürfte kein Zweifel bestehen, doch wie hält man sie aufrecht? Und hier kommt als Problemaspekt wiederum die Konkretion ins Spiel.

Ein zugegebenermaßen schematisches Beispiel:

Gehen wir von unserer Standardsituation aus und nehmen den Problemfall der *unfreiwilligen Fraktionierung* an, die (wie so oft) mit einer guten Idee begann. Wir hatten also zuvor eine diskursstabile Gruppe und nun eine sehr, sehr gute Idee. Das Problem hängt nicht von der Güte der Idee ab, sondern von den Umständen ihres Auftretens.

Eine Gruppenbildung vollzieht sich mit einer adäquaten initialen (ersten) geteilten Anschauung verbildlicht in etwa so:

Wenn eine Gruppe der Anschauung nach im Einklang ist und mit einer neuen Idee konfrontiert wird, dann erkennen wir den entschei-

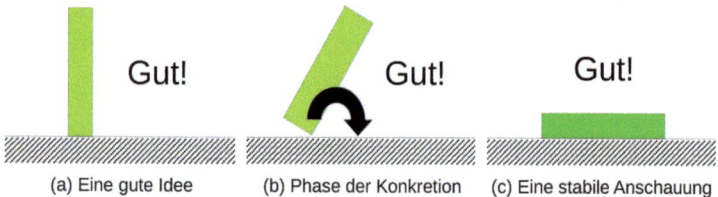

Abbildung 3.15: Eine initiale Anschauung

denden Moment daran, ob die neue Idee in die bereits vorhandene(!) Anschauung integriert werden kann. Gelingt dies, dann entwickelt sich die Anschauung weiter, sie wird komplexer, die neue Idee wird als neuer Aspekt hinzugefügt.

Abbildung 3.16: Eine erfolgreiche Integration

Gelingt dies nicht, dann gilt:

*Eine neue Idee wird durch ihre Konkretion
zu einer neuen Anschauung.*

Die Bedeutung zweier Anschauungen in einer Gruppe ist nicht schwer zu erraten. Kommt es zu einem Abwägungsprozess beider Anschauungen ohne einheitliches Ergebnis, dann haben wir den Grundstein für eine Lagerbildung. Lagerbildungen sind schon deshalb ein ernstzunehmender Prozess, weil die Lager bereits in Bezug auf den Umfang der Beteiligten kleiner sind als die ursprüngliche Gesamtgruppe. Bereits die Einleitung der Lagerbildung kann zu Austritten führen.

3.7. KONKRETION UND ANSCHAUUNG

Jede Idee fordert die Integrationsfähigkeiten einer Gruppe heraus. Lagerbildung gilt hier als Scheitern der Integrationsbemühungen. Jedes Lager folgt nun einer eigenen Anschauung. Zwei Anschauungen führen zu Spannungen. Man denkt, redet und handelt gemäß der jeweils eigenen Anschauung am anderen vorbei. In einem Organisationsverhältnis eine wahre Katastrophe.

Die immerwährende Gefahr, dass Partialinteressen durch die neuen Ideen den Weg in den Diskurs finden, wird ohne hinreichende Klärung der Motivationen der Ideengeber akut.

Das ist zwar oberflächlich betrachtet eine Unterstellung, aber nur die Situation, dass die Ideengeber vor dem fehlenden Konsens und die darauffolgenden Störungen zurückweichen, wäre eine klare Widerlegung derselben.

Wird bei allem entstehenden Unmut dennoch versucht, die Idee mit Vehemenz durchzusetzen, dann werden Verluste des bereits Bestehenden in Kauf genommen und es darf ein Eigeninteresse angenommen werden. Zwar sollte diese Aussage (noch einmal!) mit Vorsicht genossen werden (dies gilt für viele Aussagen in diesem Buch). ABER:

Betritt eine neue Idee den Diskurs und wird mit Kraft
und gegen Widerstand durchgesetzt,
dann liegt ein Interessenkonflikt vor.

Bleiben wir kurz bei der Darstellung einer initialen Anschauung (3.15). Hat sich aus einem Netzwerk eine Gruppe herauskristallisiert, dann wird dies wohl kaum ohne eine gemeinsam geteilte Anschauung gelungen sein. Die Anschauung verleiht der Gruppe „Bodenhaftung". Deswegen die symbolisch gewählte waagerechte Position des dunkelgrünen Quaders.

Anders sieht es mit dem Aufkommen einer guten Idee aus. Ideen sind instabil (der Quader steht senkrecht). Sie werden, wenn sie sich frühzeitig als unbrauchbar erweisen, keine Konkretion erfahren und keine Anschauung bilden. Das Merkmal „gut" wird hier nicht weiter ausgeführt, als dass auf die Idee eine Konkretion folgt.

Eine Gruppe, die ihrer initialen Anschauung treu bleibt, wird sich wohl langfristig auf der Diskursebene als stabiler erweisen.[24] Doch leider gibt es derartige Gruppen in Reinform nicht. Schon deshalb nicht, weil Gruppenentwicklung nun einmal nicht statisch ist, sondern stets durch verschiedenste Prozesse geprägt wird.

Die Stabilität des Diskurses bleibt also durchgängig eine relative, deren Wahrung von den Integrationsfähigkeiten der Mitglieder abhängt.

Wäre die Stabilität dauerhaft absolut gewährleistet, dann müsste die Gruppenentwicklung statisch sein, was einen Entwicklungsbegriff wenig plausibel erscheinen lässt.

Abbildung 3.17: Konkretion mit bereits vorhandener Anschauung

Doch bleiben wir nun bei unserer Problemsituation, die übrigens einen Ausgangspunkt für eine *unfreiwillige Fraktionierung* darstellt.

Mit der Durchsetzung der neuen Anschauung ist es kein Wunder, dass die alte relativiert wird und einige Mitglieder, die die neue Idee

---

[24]Siehe die erste Gruppe im vorherigen Abschnitt über Priorisierung.

nicht mitgetragen haben, sich nun um die gerade noch allgemeingültige Anschauung betrogen fühlen.

Mit den Anschauungen gehen auch dementsprechende Gerechtigkeitsempfinden einher. Die Anhänger der neuen Anschauung finden es ungerecht, dass eine gute Idee nicht umgesetzt wird. *Sie ist doch gut!*

Die anderen werden es hingegen als ungerecht empfinden, dass man sich gemeinsam an eine Anschauung gebunden hat, sich darin einig war und diese nun aufgekündigt wird. Daraufhin hatte man sich vertraut. Die Relativierung geht entsprechend mit Enttäuschung, Emotionen und einem irreparablen Vertrauensverlust einher und kann zu Austritten führen.

Mit Austritten wird die neue Anschauung zwar gestärkt, aber es fehlen zunächst das alte Vertrauen, Wohlwollen und Gemeinschaftssinn. Aspekte, die keinen utopischen oder romantischen Vorstellungen entsprangen, sondern im Zuge der initialen Gruppenbildung als Plattform gemeinsamen Handelns angesehen wurden – also bereits *konkret* existierten.

Anders sieht es natürlich aus, wenn in *Netzwerken* mehrere Ideen, Anschauungen und daraufhin Gruppen entstehen. Ein weiteres Unterscheidungsmerkmal zwischen Netzwerken und Gruppen. Neue Ideen stehen in einem Netzwerk nicht im Widerspruch mit vorhandenen Anschauungen, weil noch kein Gruppenbildungsprozess mit Organisationsanspruch und mit interessenbasiertem Konfliktpotenzial eingeleitet wurde.

Kurz gesagt, auf der Netzwerkebene stellen mehrere Anschauungen und Gruppen keine Schwierigkeit dar, weil Netzwerke kein Organisationsgefüge darstellen, wie es Gruppen tun. Aus einem Netzwerk können mehrere Gruppen schadlos entstehen. Die Entstehung von

Untergruppen aus einer Gruppe spielt sich dagegen zumeist hoch problematisch ab. Somit könnte für Netzwerke gelten:

Die Anschauungen ziehen Gruppen nach sich und diese ziehen im Sinne der Gruppenbildung zunächst organisatorisch ihres Weges – bis sie sich auflösen oder (bei weitem wünschenswerter) die Fähigkeit zur Kooperation entsteht.

Natürlich in der Anschauung noch getrennt,
aber im Geiste vereint.

Und hier sind wir beim Lösungsbegriff unserer Problemkonstellation: Kooperation. Wenn Integrationsbestrebungen fehlschlagen, ist nicht aller Tage Abend. In einem Organisationsgefüge sind mehrere Anschauungen kontraproduktiv. In Kooperationsgefügen aber nicht. Die Pluralität der Anschauungen sind in Kooperationsgefügen vollkommen in Ordnung und gesund.

Sie sind sogar notwendig, denn wenn jede Gruppe im Bildungsprozess originär ihre eigene Anschauung ausbildet, dann müsste es einen erfolgreichen Interaktionsmodus geben, ohne die jeweils eigenen Anschauungen über Bord werfen zu müssen.

Merke: Wenn wir von konstruktiven Interaktionen (kein Konkurrenzverhältnis) zwischen Gruppen mit jeweils eigenen gewahrten Anschauungen sprechen wollen, dann meinen wir stets irgendeine Form der *Kooperation*.

Sowohl Gruppen als auch Individuen können auf eine Konkurrenzsituation verzichten, wenn verstanden wurde, was Kooperation bedeutet. Organisation funktioniert am besten mit Formen der Einheit. Kooperation verbindet hingegen Vielheit und Heterogenität ergänzend miteinander.

3.8 Mit einem gemeinsamen Rahmen geht's

Es war für mich in den einzelnen Gruppen, mit denen ich in Kontakt kam, sehr überraschend festzustellen, wie schnell man sich an konkreten Handlungen orientierte und sich wenig später über die Fortführung selten einer Meinung war, anstatt zunächst zu klären, unter welchem Stern die gemeinsamen Vorhaben geboren werden sollten.

Mit anderen Worten: Man bemühte sich nicht hinreichend um Klarheit durch eine gemeinsame motivationale Schnittmenge. Man fragte nicht nach kurz-, mittel- und langfristigen Möglichkeiten. Man dachte nicht in der Gruppe über Grenzen und Risiken nach und bemühte sich nicht mit den vorhandenen Kompetenzen, um eine Klärung des Machbaren.

Sehr viel geschah aus spontaner Begeisterung oder eben lediglich aus geteilter Angst. Schnell *menschelte* es, Komfortzonen zeigten sich hartnäckig, die Biographien fingen an, sich im Diskurs zu reiben, erste Erfolge weckten Begehrlichkeiten, Erwartungen wurden enttäuscht, Vorwürfe formuliert, Missverständnisse führten zu Unmut usw. usf.

Der Wille, die Welt zum Besseren zu verändern, stand ungebrochen im Raum, doch dieser Umstand deutete kaum auf konkrete Freiwilligkeit hin. Der Alltag und seine Gesetzmäßigkeiten galten größtenteils ungebrochen. Und setzte sich die Entwicklung der Gruppe fort, dann wurde es mit der Zeit immer schwieriger, gemeinsame Termine zu finden. *Lediglich die Aktiva überwand diese Hürden!*

Die sich aufbauenden Diskurse einander noch unbekannter Menschen verwandelten sich in der Mehrzahl der Beobachtungen über kurz oder lang in Strohfeuer.

Leider wird sehr oft übersehen, dass es ein Morgen nach dem Tag der Euphorie des Einanderfindens gibt und leider wurden zu selten wenigstens mittelfristige Überlegungen bei den durchgeführten Aktionen miteinbezogen.

Demonstrationen oder Räumlichkeiten für Vorträge zu organisieren, können wenige ambitionierte Mitmenschen bereits bewerkstelligen, während andere die Angebote lediglich annehmen – oder auch nicht.

Doch unter Organisation lässt sich auch etwas anderes verstehen und die üblichen Grunddefinitionen für Organisation dürften in Zeiten politischer Umbruchphasen andere sein und andere mentale Voraussetzungen erforderlich werden lassen als in Firmen, Instituten oder im Verwandten- oder Freundeskreis.

Möglicherweise werden hier auch Aspekte abverlangt, die sich im eigenen Alltag so nicht wiederfinden lassen. Mit anderen Worten: Man müsste unter Umständen in einer derartigen gesellschaftlichen Not etwas Neues dazulernen. Diese Überlegung ist sicherlich nicht unplausibel, da unsere Normalität offiziell ja auch eine neue sein soll.

Das Dazulernen ist demnach wohl kaum ein Makel. Niemand kennt einen Königsweg, besitzt eine Weltformel oder die passende Letzterklärung für jedes Phänomen in Zeiten gesellschaftlicher Umbrüche – und auch sonst nicht.

Eine nicht unbedingte neue Form von Makel kann aber entstehen, wenn sich niemand selbst um irgendeine Klärung bemüht, aber diese stets von anderen erwartet wird. Die individuelle Verantwortung zur Aufklärung entspricht nicht – wie angedeutet – unserer Komfortzone.

In dieser Situation stehen den Bauernfängern dieser Welt Tür und Tor weit offen und liefern uns bequeme und beruhigende Erklärungen.

3.8. MIT EINEM GEMEINSAMEN RAHMEN GEHT'S

Nicht zuletzt deswegen waren auch häufig diejenigen, die innerhalb der kritischen Gruppe eine sinnvolle, aber unbequeme Klärung im Gruppenbildungsprozess herbeiführen wollten, nicht unbedingt die sympathischsten Gruppenmitglieder.

Das Neue wird im jeden Fall eine Abstraktionsleistung sein, die ein Teil der Gruppe, wenn nicht die ganze, aufbringen muss. Sie beginnt mit einer geteilten Einsicht in die Notwendigkeit, dass man hier etwas gemeinsam erreichen möchte, weil man allein in der Not nur wenig Chancen hätte. Die Gewinnung einer Einsicht ist und bleibt eine Individualleistung.

Eine subjektiv gewonnene Einsicht ist das Resultat eigener Reflexionen und kann von außen zwar inspiriert, aber nicht erbracht werden. Ist man sich über diese geteilte Einsicht einig, dann sitzen diese Menschen (eine Kerngruppe) äußerst diszipliniert zusammen.

Man wird sachlich, distanziert und geht respektvoll miteinander um. Man erhebt seine Sichtweise nicht über die der anderen und bemüht sich um erfolgreiche Resonanz, die Empathie und Authentizität zugleich jedem abverlangt. Die meisten Gruppen waren mit dem Anforderungen der letzten Zeilen bereits sichtlich überfordert.

Deswegen sollten die dafür hypothetisch notwendigen Eigenschaften nicht von allen Mitgliedern einer Gruppe abverlangt werden, sondern lediglich von einer Handvoll. Gelingt dies einigen wenigen aktiven Mitgliedern, dann kann eine große Gruppe davon immens profitieren.

Es bildet sich dann ein Gruppenkern, dessen Hauptaufgabe lediglich darin besteht, stabil zu *bleiben*. Um den Entwicklungs- und Funktionsrahmen dieser Kerngruppe soll es in diesem Abschnitt gehen.

Dazu kann stets die Abbildung 3.18 zur Orientierung hinzugezogen werden. Hier ist der Verlauf idealiter dargestellt und wir beginnen links oben. Die Abstraktionsleistung wird in diesem Buch oft als Ausgangspunkt verwendet, weil das einzelne Individuum in seinen Gedanken und Reflexionen bestenfalls zu dieser Leistung noch frei sein kann.

Und es gilt: Was wir nicht denken können, können wir auch nicht in Worte fassen. Also die Abstraktionsfähigkeit der Beteiligten gibt die kommunikativen Möglichkeiten und Grenzen der Kommunikation vor – und damit den Charakter des Diskurses samt Möglichkeiten und Grenzen im Hinblick auf Organisation.

Neben der Übereinstimmung der Anerkennung gegenüber einer gesellschaftlich bedrohlichen Situation, die *notgedrungen* $Vertrauen_1$ schafft, erzeugt die geteilte Einsicht in die Notwendigkeit des gemeinsamen Handelns ein intuitives Vertrauen, was wir benötigen, um Vereinbarungen miteinander einzugehen. Ohne eine geteilte Anschauung und persönliche Wahrnehmung einander, die $Vertrauen_2$ hervorbringt, wird dies wohl kaum gelingen. So müssen wir uns gegenseitig u.a. für vernünftig und verlässlich halten.

Die Fähigkeit, aus der Not mit Fremden Vereinbarungen zu treffen – und über längere Zeit einzuhalten – dürfte einen der größten Meilensteine, und zugleich im Konkreten, organisatorische Hürden zwischen Menschen darstellen.

Umgekehrt: Ohne eine Plattform des gegenseitigen Vertrauens und geteilter Einsicht ist wohl Organisation jeder Art unmöglich. Selbst bezahlte Arbeit wird es nicht auf Dauer geben, wenn man nicht auf die Kompensation vertrauen kann.

Diese Hürde nehmen wenige und abstraktionsfähige Mitglieder untereinander durchaus erfolgreich. Diese Leistung allerdings von einem Netzwerk von hundert Personen, Biografien, verschiedensten

3.8. MIT EINEM GEMEINSAMEN RAHMEN GEHT'S

Ängsten und Erwartungen zu verlangen, erscheint, angesichts des Kommunikationsaufwandes und den eben erwähnten Anforderungen, als kaum bewältigbar.

Diese Leistung muss, wie gesagt, aber auch gar nicht von einer größeren Gruppe bzw. einem Netzwerk von allen Beteiligten erbracht werden. Es reicht, wenn einige wenige Mitglieder sich dieser Herausforderung stellen und sich daraufhin gegenüber der übrigen Gruppe als stabile Entität erkennbar machen.

Dabei ist es sehr wahrscheinlich, dass die an diesem Prozess Beteiligten durch die hinzugewonnene und gemeinsam geteilte Funktion in ein neues Beziehungsgeflecht eintreten, womit die erfolgreiche Entwicklung auf der Sachebene auch intensivere Sozialbindungen nach sich ziehen können. Vertrauen beruht dann auf Verlässlichkeit gegenüber den geteilten Einsichten und dem gemeinsamen Vorhaben. Wird auf das gemeinsame Projekt vertraut, vertraut man einander.

Mit der Fähigkeit, Vereinbarungen zu treffen und diese in kommenden Entwicklungen mitzuberücksichtigen, entsteht ein Rahmenbewusstsein für das gemeinsame Vorhaben, welches ich hier als höchsten Organisationsrahmen (kurz: O_0) bezeichnen möchte. Auf dieser Ebene existiert das Gedächtnis gegenüber den genetischen Entwicklungen der Gruppe (sehr wichtig), das Vertrauen innerhalb der Kerngruppe und gegenüber dem gemeinsamen Vorhaben, der objektive (sachliche) Zugang zu den ursprünglichen Vereinbarungen, die den Rahmen O_0 stützen.

Hier wird nicht demokratisch, sondern durch Konsens und Sachkompetenz entschieden. Ist der Kern der Gruppe stimmig und stabil, so kann er Signale an das Netzwerk senden und ankommende Signale sachlich auffassen. Gelingt es dem Kern, über längere Zeit stabil zu bleiben und folgt nicht eine Unstimmigkeit der anderen, dann kann dem Kern Schritt für Schritt eine dritte Vertrauensform seitens der Gesamtgruppe in Form von Integrität (nicht auf dem Schaubild) zugesprochen werden.

Ein Exkurs (ein Zerfallsszenario): Integrität ist, wie Vernunft, ein sehr zartes Pflänzchen, das zwischen der Aktiva und Passiva besteht. Allein erkennbare Eigeninteressen oder der Verdacht der Umsetzung rein egoistischer Vorstellungen seitens der Kerngruppe werden die Wachstumschancen auf Vertrauen von außen rasant auf null setzen. Die Kerngruppe verliert ihre Vertrauenswürdigkeit und ihr läuft das Netzwerk davon – möglicherweise sogar Mitglieder der Kerngruppe selbst.

Ohne ein Netzwerk und die Übernahme der Verantwortung ihm gegenüber gibt die Kerngruppe O_0 und somit eigentlich ihre Existenzberechtigung auf. Falls sie nicht gleich auseinandergeht, liegt wenigstens eine Interessengemeinschaft nun nahe. Ein derartiger Wandel geht mit einer teilweisen oder gänzlichen Aufgabe der Vereinbarungen auf Basis von $Vertrauen_{1+2}$ und logischerweise dann auch O_0 einher.

Die Prioritäten verschieben sich, was die Frage nach den ursprünglich geteilten Motivationen und nach der Gemeinschaft seitens einiger mittlerweile ausgeschlossenen oder ausgetretenen Mitglieder der Kerngruppe nach sich ziehen darf. Ende des Exkurses.

Innerhalb des Rahmens O_0 kann konkret entlang der Kompetenzen der Mitglieder gefragt werden, was nun gemeinsam getan werden kann. Unterschiedliche Projekte werden ins Leben gerufen. Von einer Wandergruppe bis hin zur Bildung von Körperschaften werden nun die Kompetenzen der Aktiva mit klar kommunizierten Grundkonsens und einer vertrauenswürdigen Kerngruppe umgesetzt.

Entwickelt sich die Kerngruppe bis zu diesem Stadium, dann nimmt sie zusätzlich eine Wächterfunktion ein und achtet auf jedwede Form diskursschädigender Entwicklung. Diese können neue Mitglieder,

3.8. MIT EINEM GEMEINSAMEN RAHMEN GEHT'S

Stimmungen, Interessen, Projektvorschläge etc. schleichend ihren Weg finden und zu neuen Anschauungen führen, die sich nicht mehr internalisieren lassen.

Dabei hat die Kerngruppe die Aufgabe, distanziert gegenüber allen Veränderungen zu sein und diese stets aus der Perspektive der ursprünglichen Vereinbarungen und O_0 zu betrachten. Der Erhalt von O_0 ist das Geschäft der Konservativen, deren Aufgabe es ist, Veränderungen so einzuführen, dass bereits Erlangtes nicht wieder aufgegeben werden muss.

Bei aller Euphorie muss die Aktiva ab und an daran erinnert werden und die Kerngruppe sollte sich dies zur Aufgabe machen. Andererseits sind additive Veränderungen, die bei Einhaltung der vorherigen Vereinbarungen möglich sind, absolut wünschenswert.

Im Rahmen von O_0 entstehen Projekte (hier: O_{1-4}), welche allesamt wohl eine projektspezifische Eigendynamik haben. Diese darf den Grundrahmen O_0 nicht relativieren, wenn es nicht zum Bruch mit den Grundvereinbarungen kommen soll („bottom-up"-Effekt).

Es sind die Erfolge der Projekte, die schnell zu diesem Effekt führen können und Projektvorstellungen mit den Rahmenvorstellungen kollidieren lassen. Hier gilt es, die Plattform, die die Projekte ermöglichte, nicht zu konterkarieren oder den Ast O_0, auf dem alle Projekte sitzen, durchzusägen.

Die Doppelpfeile an O_{1-4} (jeweils in y-Richtung) symbolisieren die Priorisierungen der Projektebenen durch die Kerngruppe, um das Risiko eines Priorisierungskonflikts möglichst klein zu halten und den Rahmen als gemeinsam geteilten Kontext aufrecht zu halten. Es geht nicht alles zu jedem Zeitpunkt. Deswegen stellen die Projekte (in x-Richtung) eine bestenfalls sinnvolle Reihenfolge dar.

Möglicherweise beginnen derartige Vorhaben zunächst mit „Notfall"-Kommunikation, Erschließung von physischen und neutralen Räumen und Überlegungen zur Selbstversorgung, bevor langfristigere Projekte angestrebt werden. Dabei gilt ab dem ersten Projekt:

„O_0" hat stets zu gelten!
Sowohl beim ersten, als auch beim zwanzigsten Projekt.

Je strikter dieser Einsicht einhellig nachgegeben wird, desto höher ist die zu erwartende Lebensdauer der Aktiva samt ihrer Vorhaben als Ganzheit.[25]

Sind Vereinbarungen getroffen, zwingt die Einhaltung zur Selektion weiterer Möglichkeiten.

Die größte Freiheit, Entscheidungen zu treffen, besitzt eine Gruppe natürlich vor der ersten herbeigeführten Vereinbarung und sie muss sich ebenso selbstverständlich durch die gemeinsame Einhaltung aus Einsicht in die Notwendigkeit gegenüber ausschließlich anschlussfähigen Folgeentscheidungen binden lassen.

---

[25]Natürlich können bei einem Zerfall z.B. besonders lukrative Einzelprojekte bestehen bleiben, doch erfüllen sie dann nicht mehr ihren ursprünglichen Zweck innerhalb eines konzeptionellen Rahmens und die möglichen Synergien und Mehrwerte in einem ganzheitlichen Zusammenspiel mit weiteren Projekten gehen verloren.

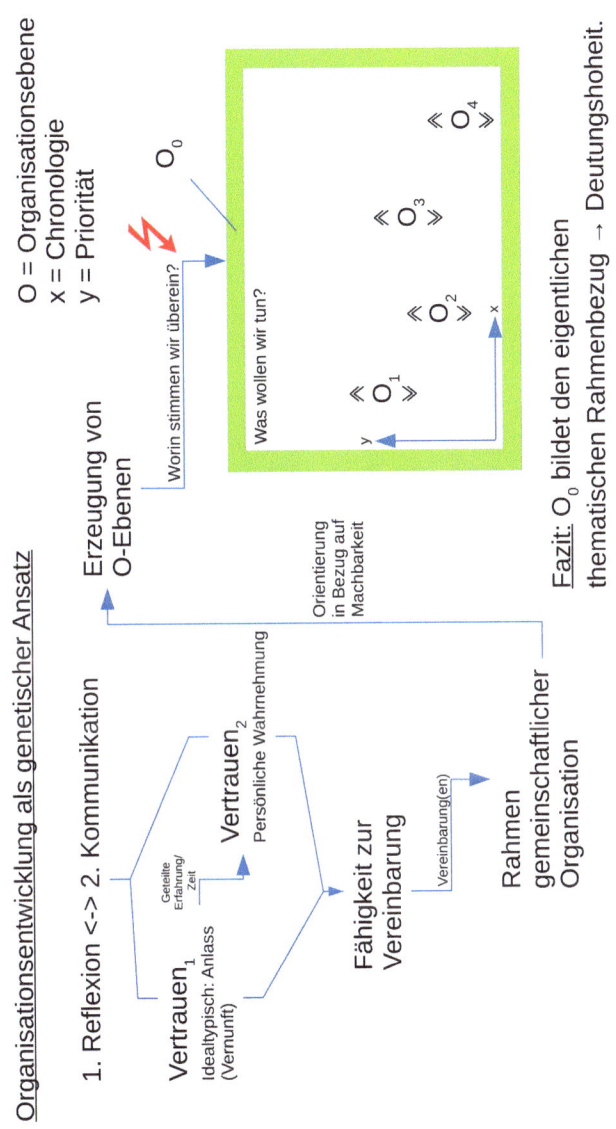

Abbildung 3.18: Auf Dauer steht und fällt alles mit O_0!

Kapitel 4

Pluralität – Wir sind nicht gleich! Und das ist gut so...

„Man hilft den Menschen nicht, wenn man etwas für sie tut, was sie selbst tun könnten.“

Abraham Lincoln

Eine der größten Probleme im Zuge der Gruppenbildung liegt in der Pluralität der Biographien und Mentalitäten.

Dabei gilt ebenfalls: Wir verhalten uns stets relativ zu den anderen Mitgliedern. Jemand, der in einer Gruppe sehr aktiv sein kann, muss sich in einer anderen, möglicherweise zurücknehmen. Im Alltag passivere oder introvertiertere Charaktere fühlen sich möglicherweise unangenehm aufgefordert, sich reger zu beteiligen. Einige Mitmenschen forcieren ständig Emotionen, während andere durch diese in die Flucht getrieben werden. Je nach Gruppenkonstellationen werden unterschiedliche Seiten in uns verstärkt angesprochen.

Tatsächlich kann in einer derartigen Konstellation häufig die Situation auftreten, dass die individuellen Alltagsmittel zur Problemlösung innerhalb der Gruppenentwicklung nicht abgefragt werden und auch nicht so recht passen wollen.

Die Herausforderungen für die angehende und heterogene Gruppe legen nahe, dass die Gruppenbildung scheitern muss, wenn nicht die Bereitschaft existiert, über altbekannte – aber eben nicht von allen Mitgliedern geteilte – Gewohnheiten hinauszugehen. Das mag im eigenen Alltag nicht notwendig sein, aber in einem Gruppenbildungsprozess wird es das. Es mangelt häufig an der Anerkennung dieses Umstandes.

Doch: Je mehr Zeit verstreicht, desto besser lernt man sich kennen und man stellt fest, dass der äußere Anlass zwar die Menschen zusammenführte, aber noch lange nicht klärt, wie man miteinander umgehen soll.

Die Situation ist und bleibt eine lange Zeit neu. Die beteiligten Menschen bleiben (wenigstens mittelfristig) einander unbekannt. Das gemeinsame und gewünschte Handeln bleibt demnach seiner originären Motivationen jedes Einzelnen nach ebenfalls noch weitgehend ungeklärt. Die einen wollen von einer besseren Zukunft träumen, die anderen Risikoabschätzungen diskutieren. Und während einige sich einig sind, dass etwas im Argen liegt und es sich wohl in baldiger Zukunft nicht bessern wird, so kommen andere nicht über ein „Alles wird gut!" hinaus.

Dies stellt ein Grundproblem der (speziell politisch-motivierten) Gruppenbildung dar. Ein Teil der Gruppe möchte konkrete Aspekte gemeinsam besprechen, weil Dringlichkeit und Handlungsbedarf wahrgenommen werden und ein anderer möchte allerdings dieser Diskussion aus dem Weg gehen, weil diese Themen nicht weniger beunruhigend sind als der ursprüngliche Anlass.

Handlungsbereitschaft und Konkretisierung sind wahre Kontrastmittel in heterogenen Gruppen. Einige wollen sofort handeln, andere die bestehenden Möglichkeiten zuerst ausgiebig sondieren und diskutieren. Hier kann kaum eine sinnvolle Diskussionssituation bestehen.

Bereits mit der medialen Wahrnehmung der Gruppenmitglieder zeigen sich grundlegende Differenzen. Manche von uns sind in der Lage, 90% der Inhalte der sozialen Medien zu filtern und auf das Wesentliche zu reduzieren.

Andere geraten bereits aus Gründen der bisher unbekannten Informationsflut mit den nicht selten überaus neuen und „sozialen" Medien in ebenso neue und nahezu depressionsartige Episoden der Überforderung. Auf eine neue mediale Unübersichtlichkeit der Gegensätze folgt der Beginn einer zusätzlich erschütternden Erfahrung der Ohnmacht.

In jedem Fall müssen wir uns Folgendes bewusst sein: Selbst wenn alle Gruppenmitglieder sich bzgl. des Anlasses einig sind, die Suche nach Handlungsmöglichkeiten wird dennoch stets eine Mammutaufgabe bleiben, denn die Frage *Was sollen wir tun?* zieht wahrscheinlich ähnlich viele unterschiedliche Antworten – wie Mitglieder existieren – nach sich.

Die Heterogenität muss aber nicht unbedingt eine Sollbruchstelle im Bereich der Gruppenbildung sein. Pluralität ist bei einer objektiveren Betrachtung nicht ausschließlich ein Risiko für den Zusammenhalt, sondern eine Ressource für eine höhere Wahrnehmungs- und Handlungsreichweite.

Demnach gilt hier jeder Standpunkt als „Perspektive". Viele Perspektiven führen – selbstbewusst vorgebracht und strukturiert ausgetauscht – zu einer gemeinsamen und breit angelegten Ansicht der Dinge; bestenfalls unter einer geteilten Anschauung. Diese gemeinsame Anschauung birgt bereits den notwendigen Konsens der Wahrnehmung in sich und die Aufrechterhaltung des Konsens der Handlung wird wohl auf Dauer nicht ohne eine geteilte Anschauung erreicht werden. Man könnte auch sagen, die Anschauung stelle eine *Zäsur* beider Konsensarten dar.[1]

Ein Diskurs, der durch eine derartig stabile Gruppe geführt wird, lässt sich nicht durch persönliche Befindlichkeiten aus der Bahn werfen. Keine Konkurrenz um die Deutungshoheit. Kein Ego-Gerangel oder Zickenkrieg. Keine unausgesprochenen Erwartungen, keine Enttäuschungen, keine Vorwürfe und kein Streit.

Eingeführte Vereinbarungen, die sich stets schnell treffen lassen, erfahren eine konsequente Berücksichtigung und behutsame Einhaltung. Da viele neue Aspekte bei den Beteiligten abgefragt werden, kann eine ständige Anpassung an die neuen Erkenntnisse nur selbstverständlich sein – idealerweise.

Um einige relevante Erscheinungen im Hinblick auf dieses Ideal soll es im nächsten Abschnitt gehen und der Leser darf sich fragen, ob sich der eine oder andere Aspekt in der eigenen Erfahrung wiederfinden lässt.

---

[1]Zur Erinnerung das Schaubild auf Seite 57.

Es existiert kein Anspruch auf Vollständigkeit und die Betrachtungs-
ansätze haben keinen Anspruch, die einzigen Richtigen zu sein. Es
folgen lediglich Charakterisierungen, die in der eigenen Erfahrung
entstanden und zu Überlegungen über Möglichkeiten und Grenzen
führten.

Neben den ursprünglich politischen Anlässen, der Kennlernphase
oder auch der Inangriffnahme eines gemeinschaftlichen Projektes
hilft es der Gruppe ungemein, wenn einige Mitglieder dezidiert die
Diskursentwicklung und die Rollenentwicklung der Beteiligten als
kontinuierlichen Betrachtungsgegenstand im Auge behalten.

Hierzu zählen mit Sicherheit ein klares Selbstverständnis im Hinblick auf die Rollen, die jeweils eingenommen werden, sowie die
grundlegende Zusammensetzung der Motivationen, die veranlassen,
diese Rollen einzunehmen.

4.1 Die Rollen der „Alphas"

Wir alle sind derartigen Charakteren schon begegnet oder gehören
selbst dazu. Einigen hat man für deren Tatkraft, Charisma oder
rhetorische Fertigkeiten Bewunderung entgegengebracht. Alphas
bieten Orientierung. Manche mehr, manche weniger. In unserem
politischen Kontext sind dies natürlich auch diejenigen, die am
ehesten Projekte voranbringen, sich teilweise unersetzlich machen,
auf allen Hochzeiten mittanzen, auf Demonstrationen Redezeiten
erhalten, klare Worte finden oder sich in den sozialen Netzwerken
maßgeblich tummeln etc. Kurz, es handelt sich um einen Typ von
Mitmenschen, die einen vergleichsweise hohen Einfluss auf Diskurse
haben und sich zügig in Führungsrollen finden lassen.

Zugleich sind es aber dieselben Menschen, die es von der Seite
der Obrigkeit gezielt mundtot zu machen gilt, wenn sie es wagen,

laut und möglicherweise auch überzeugend dem gewünschten politischen Konsens im öffentlichen Diskurs zu widersprechen. Mit dem etwas unglücklichen Ausdruck „Alpha" sind hier eine Sorte von Menschen angesprochen, die aus irgendwelchen Gründen eine höhere Reichweite im Diskurs haben als andere. Die Gründe für diesen Umstand und die daraufhin ausgeübten Rollen können mannigfaltig sein und sich als Lichtblick zeigen – oder als Störfall.

Der Terminus „Alpha " gilt allerdings auch als Kampfbegriff. Er enthält Bewertungen, die gerade in einem konsensorientierten Ansatz auf Dauer mehr Probleme verursachen können, als dass durch ihn Lösungen angeboten werden. Außerdem geht mit einer Hervorhebung auch stets eine Herabsetzung einher. Zumindest besteht die Gefahr, dass derartige Eindrücke bei dem einen oder anderen Mitglied der Gruppe entstehen und sich sicherlich nicht förderlich auf den Diskurs auswirken.

Im Lichte von Autonomievorstellungen, wie die der „diskreten Bahn", Konsens, Diskursstabilität als Priorität und Kooperationskonstellationen, können Alphas in einer lediglich moderaten Version langfristig wirklich hilfreich sein. Bereits auf diesem Themenfeld könnten wir einen Teil der alten Welt abschütteln lernen. Dazu müssten sich (nach dem Ansatz einer konsensorientierten Diskursentwicklung) lediglich die Alphas in dezidierte Rollen begeben. Einige Gründe sprechen dafür: Allein die Wahrung der Diskursstabilität und aufgrund der geteilten Verantwortung sollten alle Beteiligten auf Augenhöhe agieren und es sollten nur vereinzelte Themenfelder sein, in denen Alphas aufgrund ihrer Kompetenzen ihren besonderen Bereich der Mitwirkung geltend machen dürfen.

Einige Alphatypen sollen hier kurz vorgestellt und minimal charakterisiert werden, basierend auf eigenen Erfahrungen und im Hinblick auf die von ihnen eingenommenen Rollen in Gruppenbildungsphasen und ihren (möglichen) Funktionen im Diskurs. Von dieser Per-

spektive ausgehend sind hier Alphas neutral als Phänomen anzuerkennen, sowohl dahingehend, zu welchen wichtigen Beiträgen sie
sich in der Lage sehen, als auch, welche Risiken sich hinter ihren
Rollen verbergen.

Zunächst treten naturgemäß in heterogenen Netzwerken sich fremder
Menschen Alphas durch ihre zur Schau gestellten Eigenschaften in
den Vordergrund. Zunächst völlig unspektakulär: Allein der Raumbetreiber, der den physischen Ort der Versammlung zur Verfügung
stellt, hat aufgrund seiner Möglichkeit, dies zu tun, einen exklusiven
Zugang zum Diskurs im Hinblick auf die Frage, wo die nächste
Versammlung stattfinden wird.

Doch interessanter wird es, wenn der Raumbetreiber bestimmt, wer
sich in seinen Räumlichkeiten einfinden darf und wer nicht und möglicherweise auch, welche Themen erwünscht sind. Bitte schütteln
Sie nicht den Kopf! Tatsächlich durfte ich so etwas miterleben. Dies
ist eigentlich auch nicht sonderlich überraschend, wenn man bedenkt, dass sich hinter dem traditionellen Verhältnis Gastgeber und
Gast stets Rechte und Pflichten verbergen. In einer aktuelleren und
gesellschaftlich recht unangenehmen Version lernten viele kritische
Mitmenschen in der C-Krise den Ausdruck „Hausrecht" kennen –
und verabscheuen.[2]

Aber kommen wir von einem funktionalen Typ (des Raumbetreibers
oder Veranstalters) zu individuelleren Sorten von Inhabern höherer Diskursreichweiten. Um es etwas anschaulicher zu gestalten,
stellen wir uns vor, wir stünden unterschiedlichsten Persönlichkei-
ten gegenüber, die wir nur mit der hervorstechendsten Eigenschaft
charakterisieren dürften, dann würde man sogenannte Grund- oder
Archetypen erhalten. Wie so oft gibt es diese Grundtypen nicht in

---

[2]Und: Die Wichtigkeit eines physischen Ortes als Treffpunkt lässt sich für
„Netzwerke in Anfängen" einfach nicht überschätzen.

Reinkultur und sehr häufig gehören einige Eigenschaften miteinander verknüpft.

Doch die Aufzählung, für sich genommen, ist schon ziemlich interessant, wenn man darüber nachdenkt, welchen Sorten von Menschen man in Gruppenbildungsprozessen bereits begegnet ist und welche faszinierenden Momente und teilweise auch erschütternden Konfliktsituationen sich speziell durch diesen Menschenschlag ergeben haben. Im Familien-, Freundes- und Kollegenkreis sind die meisten von uns diesen Menschen bereits mehr oder weniger bewusst begegnet, und wenn nicht, dann weil wir vielleicht selbst zu diesem Typus gehören?

Bevor wir zu den Grundtypen kommen, sollten einige allgemeine, aber wichtige Hypothesen zum weiteren Selbergrübeln vorausgehen.

1. Mehrere Alphas in einer Gruppe bilden immer die Möglichkeit für Sprengstoff! Viele Alphas führen mitnichten automatisch zu einer besseren Gruppenbildung. Erfolgreiche Einzelkämpfer sind häufig nicht automatisch auch Teamplayer. Dazu bedarf es eines geteilten Willens zur gemeinsamen Kooperation.

2. Alphas werden von der Gruppe „anerkannt"! Will sagen: Kein Alpha ist aus sich heraus Alpha. Es bedarf zu dieser Rolle immer der Zustimmung der anderen Mitglieder. Es wird stets auch etwas an Mitbestimmung und (leider auch) Verantwortung zur eigenen Entlastung an die Alphas abgetreten: *Ein Glück, dass wir ihn oder sie haben!*

3. Aber: „Alpha-sein" bedeutet auch, Verantwortung tragen zu können. Was nicht getragen werden kann, sollte sich auch nicht angeeignet werden bzw. unbedacht zugesprochen werden **und** darf anderen nicht abgesprochen werden!

4. Erfolgreiches Alpha-Dasein bedeutet primär nicht: Bedürfnisbefriedigung, Selbsttherapie oder Selbsterfüllung. Auch sind
die übrigen Gruppenmitglieder nicht Erfüllungsgehilfen der
Vorstellungen des Alphas.

5. Ein Alpha sollte nicht aus seinen Befindlichkeiten oder egoistischen Motiven heraus auf andere schließen.

6. Ein Alpha erfüllt (exklusive) Funktionen in einer Gruppenkonstellation. Bestenfalls innerhalb einer Rolle, nach der er sich
bewusst richtet und dahingehend von außen bewertet werden
kann.

7. Ein Alpha hilft bei der Erfüllung der motivationalen Schnittmenge der Gruppe und nicht umgekehrt (siehe dazu 4 & 5).

8. Kein Alpha sollte sich einkaufen oder unersetzlich machen
können. Eine darauf folgende Trägheit der anderen und eine
sich anschließende Kompetenzüberschreitung des Alphas sind
leider sehr groß. Zudem: Kein Konzept ist wirklich gut bzw.
stabil, wenn es auf wenige Mitglieder abgestellt wird. Das
Konzept sollte auf den Schultern der gesamten Gruppe ruhen
können.

9. Ein Alpha sollte schlüssig seine Erwartungen darlegen können,
um spätere Missverständnisse zu vermeiden. Die überwiegen-
den heldenhaften Einsätze von Alphas können je nach seiner
Motivationslage verkappte Erwartungen zur Kompensation
nach sich ziehen. Jede fehlende Klarheit birgt das Potenzial
eines schleichenden Interessenkonfliktes.

10. Auch mit Alphas sollte die Gruppe selbst die thematische
Ausrichtung vorgeben können. Dies sollte die Gruppe stets im
Auge behalten. Gründe, die dafür sprechen, liegen in der zu

wahrenden Diskursstabilität, Möglichkeit zum Konsens und der gemeinsamen Übernahme der Verantwortung.

11. Alphas sind hochaktiv und neigen dazu, auf vielen Hochzeiten zu tanzen. Bitte **vorher** Prioritäten setzen: Vieles, was ins Leben gerufen wurde, möchte auch später noch (unt)erhalten werden. Und: Die Möglichkeit zur Rückabwicklung von Entscheidungen sollte stets mitbedacht werden. Auch vom enthusiastischen Alpha selbst.

12. Alphas als Autoritäten bergen in politisch motivierten Gruppen auf Dauer mehr Nachteile als Vorteile und schüren weitergehend Unmündigkeit, derer man sich doch gemeinsam entledigen möchte. Ergo: Je selbstbewusster und autonomer die Gruppe wird, desto eher sinkt die Dominanz der Alphas.

13. Was in der Gruppe geschieht, wird im Hinblick auf Diskurs, Konsens und Verantwortung von allen Mitgliedern zu gleichen Teilen getragen. In diesen Punkten sind nach diesem Ansatz die Alphas allen Mitgliedern gleichzusetzen (dazu auch 10).

Egal, wie sich ein Alpha in der Gruppe erfolgreich etabliert, zumeist wird diese Rolle von der Gruppe eine lange Zeit akzeptiert, wenn keine Nebenbuhler existieren oder entgegen der Komfortzone der Gruppe gehandelt wird. Verschiebungen auf der Rollenebene erfolgen in der Regel nicht spurlos für die Gruppenentwicklung. Häufig werden derartige Veränderungen durch Konflikte begleitet, denen sich dann alle Mitglieder ausgesetzt sehen.

Solange eine Gruppe um ein Alpha diesen unangetastet in seiner Rolle akzeptiert, können wir traditionell von einer sehr stabilen Gruppenkonstellation sprechen. Das Alpha begibt sich seinerseits in eine innerhalb der Gruppe akzeptierten Rolle. Seine Diskurs- und Handlungsreichweite ist im Zuge der Rollenausübung anerkannt.

4.1. DIE ROLLEN DER „ALPHAS"

Mit der Zeit können allerdings Dynamiken im Diskurs auch die Alphaebene betreffen. Nicht selten entstehen Dynamiken aus dem Verhalten des Alphas selbst heraus. Zum Beispiel kann nach ersten Bestätigungen der Gruppe der Alpha seine Befugnisreichweite ohne Zustimmung auszudehnen suchen und ohne Bestätigung seine neuen Befugnisse ausüben. Eine der häufigsten Dynamiken, die die Gruppe belastet, weil sie durch ein energiezehrendes Ringen nachregeln muss. Ein Problem, das strukturell zunächst alle Alphatypen betrifft. Unnötig darauf hinzuweisen, dass diese Problematik sich zusätzlich zuspitzt, wenn mehr als ein Alpha in der Gruppe vorhanden ist.

1. **Der „Skill"-Alpha**
   Eigentlich stellen Skill-Alphas den Grundtyp aller Alphas dar, weil Fähigkeiten und Fertigkeiten zum Hervorstechen in der Gruppe schlichtweg dazugehören. Spannend wird es, wenn mehrere Alphas zur eigenen Bedürfnisbefriedigung mit gleichen Eigenschaften als Alleinstellungsmerkmal anerkannt werden wollen. Dies endete aus der Erfahrung heraus leider zumeist im Hauen und Stechen zwischen den Alphas und führt in eine Lagerbildung oder gar in eine gänzliche Desorientierung der Gruppe. Eine grundsätzliche Lösung des Problems kann in der „Küche-Bad-Konstellation"[3] gesehen werden.

2. **Der Moderator & Tribun**
   Wohl als eine der bekanntesten Rollen, in die sich ein Alpha frühzeitig begeben kann, gilt der Moderator. Moderatoren nehmen die Funktion einer Gesprächsleitung ein und begleiten bestenfalls nach klar ersichtlichen Regeln die Diskussionen – natürlich mit der Zustimmung der Gruppe. Wird die Rolle ideal ausgeführt, dann sind Alphas in der Moderatorenrolle sachlich konstruktiv vermittelnd und vor allem neutral.

---

[3] Siehe auf Seite 194.

Man kann durchaus auch von Professionalität sprechen, wenn die Rolle des Moderators mit einer sachlichen Distanz ausgeübt wird, was sich im voraussetzungsvollen Berufsleben oder in der Paarberatung durchaus leichter bewerkstelligen lässt, als in Gruppen mit einem politisch-gesellschaftlichen Hintergrund: zahlreiche Beteiligte und im Hinblick auf divergierende Biografien und Motivationen möglicherweise eine gänzlich heterogen zusammengesetzte Gruppe. Nach meiner Ansicht verlangt Moderation in offenen sozialen Gefügen im Vergleich zu konventionellen Beratungsrollen im Berufs- oder Privatleben ein breiteres Spektrum an Fähigkeiten und Fertigkeiten ab.

Eine reduzierte und nicht immer vorteilhafte Variante nimmt der Tribun ein, der sich vor die Gruppe stellt und sich zum Sprachrohr der Gruppe berufen fühlt und nicht selten seine Sicht der Dinge in den Mund der Gemeinschaft legt. Einige Male wurden dann auch gleich (des Öfteren miterlebt) spirituelle Inhalte in den Gruppenbildungsprozess mit verwoben. Das Problem besteht darin, dass nicht alle Mitglieder spirituell sind.

Die Erfüllung dieser Rolle erweist sich als schwierig, wenn unterschiedliche Grundpositionen aufeinanderprallen. Mehrmals selbst erfahren, schien es dem Tribun wichtig zu sein, zügig im Zuge seiner (spirituell geprägten) Rolle fatalerweise zu harmonisieren, wo durch neutrale Moderation angeregt eine sachliche Klärung innerhalb der Gruppe vonnöten war.

3. Der Macher & der Überwinder
Um diese beiden Typen zu unterscheiden, greifen wir auf die Gruppenpriorisierung auf Seite 145 zurück. Macher in der ersten Gruppe schließen sich der Gemeinschaft an und unterstellen ihre Rolle derselben. Je sicherer sie in ihrer Rolle sind,

desto eher neigen sie dazu, sich bewusst der Diskursebene zu entziehen, in der es nicht auf ihre Macherrolle ankommt.

Der strategische Anspruch ist eigentlich nicht wirklich ausgeprägt und der erste Machertyp gründet lieber eine eigene Arbeitsgruppe in der es ganz praktisch ums Machen geht: Man organisiert Events, man baut ein Haus, man betreibt eine Gartenanlage oder bietet Dienstleistungen im Netzwerk an usw. Weiterführende Ambitionen strategischer Natur werden anderen überlassen.

In der zweiten Gruppe stehen allerdings sachliche Ziele im Vordergrund und die Gemeinschaft erhält hier offen oder verdeckt seitens des Überwinders nur sekundäre Bedeutung. *Für Überwinder ist eine Gemeinschaft nicht ein wünschens- und bewahrenswertes Ideal, sondern eine Methode.* Überwinder würden hier die ursprüngliche Zusammensetzung der Gemeinschaft als vorübergehend und veränderlich ansehen, wenn dadurch die besagten Ziele eher erreicht werden können.

Der Überwinder gilt des Öfteren als Ausgangspunkt für Dynamiken im Diskurs, stellt aber selbst – zumindest nach außen – einen der stabilsten Charaktere im Diskurs dar. Er ist ebenfalls (im Gegensatz zum allgemeinen Macher) auch auf dem strategischem Feld zuhause und bekleidet eine ganze Reihe von Ämtern. Überwinder *machen* sich unersetzlich![4]

Überwinder sind reines Dynamit. Zu Beginn sehr überzeugend, in der eigenen Überlebensstrategie meistens erfolgreich und ungemein zielstrebig. Eine Gruppe mit einem Überwinder an Bord muss sich über mangelnde Veränderungen in der Gruppe keine Gedanken machen. Hier passiert was!

---

[4] Siehe *Funktionen des Progressors* auf Seite 76.

Auf Dauer sollte allerdings genauer hingeschaut werden, wer oder was hier andauernd „überwunden" wird. Der Sache nach bleiben andere Sichtweisen auf der Strecke, denn jedes Ziel liefert auch den passenden Tunnelblick, an dem der Überwinder sich nicht unbedingt stören muss – andere selbstbewusste Gruppenmitglieder vielleicht schon.

Der geduldige Überwinder weiß auch, dass gemeinsam getroffene Absprachen über die Zeit überwunden werden können, wenn sie die von ihm erwünschten Veränderungen verzögern.

Hier sollte die Gruppe genau auf die Veränderungen und auf die Diskursentwicklungen schauen, denn wenn der Überwinder ein Unternehmer ist, dann liegt es nahe, dass das Fernziel der Gruppe aus Sicht unseres Alphas ökonomischer Natur ist und nicht, wie zu Beginn, politischer.

So kann es auch sein, dass die gesamte Gemeinschaft über die Zeit in eine Helferrolle im Hinblick der Zielverfolgung des Überwinders gerät, ohne es zu merken. Ganz besonders dann sollten aus Gründen der geteilten Verantwortung alle Mitglieder einen genaueren Blick auf die Ziel- und Rollenvorstellungen des Überwinders werfen, und wenn nötig nach den ersten Ungereimtheiten, diese auch möglichst zeitnah klären.

Agiert der Überwinder ungebremst, dann werden Absolutheitsansprüche und Alleingänge seinerseits oder Fraktionsbildungen zunehmend wahrscheinlich, was eine mögliche Gemeinschaftsentwicklung verständlicherweise in weite Ferne rücken lässt.

4. Der Kopflastige (Intellektuelle?)

Die Eigenschaft eines möglichst hohen Maßes an Abstraktion sollten bestenfalls alle Gruppenmitglieder teilen – dem Ideal nach. Zeigen sich Alphas durch die Eigenschaft höherer

Abstraktionsfähigkeit und neigen zur analytischen Betrachtungsweise, dann hat dieser Umstand Vor- und Nachteile.

Die Dominanz durch ein höheres Niveau an Abstraktion gelingt leider in einer reflektorisch schwachen Gruppe recht problemlos – bereits aufgrund der eingeführten Rhetorik des Alphas. Die darauffolgende Verantwortungsabgabe allein an die Alphas stellt sowohl auf der Seite der Gruppe als auch auf der der Alphas ein hohes Risiko dar. Dabei gilt: Eine überwiegend abstrakt-sachliche Betrachtungsweise kann hilfreich im Aufbau eines strukturiert stabilen Diskurses sein.

Doch: Das Prinzip des stärkeren Arguments (als Beispiel) macht nur Sinn, wenn alle Gruppenmitglieder grundlegend einen strukturierten und stabilen Diskurs von sich aus anstreben, ansonsten kann hier Vorgabe und Entmündigung zugleich stattfinden, die innerhalb einer politisch motivierten Gruppe mit einem aufklärerischen Anliegen wohl kaum wünschenswert sein kann.

Sollten hier Alphas zu stark den Diskurs dominieren, dann kann ein teilweiser Rückzug und Übergabe an Moderatoren (falls vorhanden) sinnvoll sein. Sollte eine höhere Distanz zwischen der Gruppe und diesem Alphatyp für wenigstens eine der beiden Seiten wünschenswerter sein, dann stellt auf Sachebene ein Beratungsverhältnis eine von zahlreichen Optionen der Zusammenarbeit dar. Abstrakte Lösungsmodelle können sich als das Hilfsmittel kopflastiger Alphas herausstellen, wodurch diese sich besonders für die funktionale Rolle des Konzeptionisten eignen.[5]

---

[5]Zur Erinnerung S. 79.

Charismatische Alphas, die zugleich Überwinder und kopflastig sind, sind (zumindest aus der eigenen Sicht) das *non plus ultra* und gleichzeitig die Quadratur des Kreises.

5. **Der Netzwerker**

Mit dieser Alphasorte gab es während der C-Krise, aus der persönlichen Erfahrung, den meisten Ärger. Menschen zu erreichen, zusammenzubringen und zu verbinden, ist zu Beginn fraglos immens wichtig. Die Bedeutung wandelt sich allerdings in einem daraufhin einsetzenden Gruppenbildungsprozess.

Die Möglichkeit, sich kennenzulernen und mit geteilter Einsicht in die Notwendigkeit, etwas gemeinsam auf die Beine stellen zu wollen und das notwendige Vertrauen aufzubauen, wird leider dann vom Netzwerker konterkariert, wenn die Vernetzung sich nicht intensivieren und beständig bleiben darf.

Ständig neue Konstellationen an Menschen fördern zwar die Vernetzung, aber nicht die Gruppenbildung. Eine stark frequentierte Bahnhofshalle ist ein recht anonymer Ort. Sehr viele Netzwerker, so die eigene Beobachtung, schießen mit dem Motto, mehr sei stets besser, über das Ziel hinaus.

Gefährlich wird es, wenn aus ökonomischen Gründen vernetzt wird und es dem Netzwerker dabei um Umsatz geht. Die Beteiligten müssen diesen Umstand schnell registrieren und möglicherweise den Kennlernprozess jenseits des emsigen Netzwerkers fortführen, z.B. in selbstorganisierten Arbeitsgruppen.

Mehrmals mitbekommen habe ich die Konfrontationen zwischen Netzwerker und späteren Alphas, die sich im Gruppenbildungsprozess zeigten. Da in politisch unsicheren Zeiten in der Regel Gruppen über vorherige Vernetzung entstehen, sind Netzwerker immer auch Pioniere und Ausgangspunkt aus der Sicht des Gruppenbildungsprozesses.

Innerhalb einer Gruppe können sie auch zum Moderator oder Tribun werden, doch sie werden – ganz sicher – nicht alleinige Alphas bleiben, wenn z.B. Progression, Konzeption, Moderation und Organisation zu Grundthemen im Gruppenbildungsprozess werden. Hier wäre eine zügige Anerkennung seitens des Netzwerkers im Hinblick auf die weiteren Rollen- und Funktionstypen und natürlich auch anderen Alphas hilfreich. *Es gilt hier eben nicht, ich war aber zuerst da, lieber Netzwerker!*

6. **Der Pionier**
Wenn hier von Pionieren gesprochen wird, die etwas völlig Neues in Zeiten politisch-gesellschaftlicher Not anbieten, dann würde ich im Hinblick auf überwiegend positiven Bewertungen sehr vorsichtig sein.

In Gruppenbildungsprozessen sind Pioniere eher weniger anzutreffen, als in den sozialen Medien. Häufiger durfte ich miterleben, wie sich Interessengruppen um Themenfeldern bildeten und externe Referenten zu den Themen eingeladen wurden und als Orientierung dienten. Äußere Referenten und Themen, die den Gruppenbildungsprozess nicht selbst betreffen, *ersetzen eine intern erfolgreiche Gruppenbildung nicht!*

Wenn über Monate Räumlichkeiten sich füllten mit themenzentrischen Inhalten und das Publikum sich untereinander fast ebenso wenig kennt wie noch zu Beginn des Netzwerks, dann würde ich hier eher von einem Netzwerk sprechen, das von sich aus eigentlich gar keine Gruppenbildung anstrebt.

Wenn mit Pionieren nicht die lokalen Netzwerker gemeint sind und die Gruppen Netzwerkfremden starke Signale senden und diese sich zahlreich als Referenten dabei die Klinke in die Hand geben, dann gehe ich m.e. eher von alpha- und konzeptlosen oder stockenden Gruppenbildungsprozessen aus.

Das identitäre und konzeptionelle Heil wird nicht im Inneren durch die Erfragung des Möglichen durch die Kompetenzen der Beteiligten gesucht, sondern von außerhalb in Form vorgefertigter Lösungen hinzugezogen.

Natürlich laden auch entfaltete und stabile Gruppen Gastreferenten ein. Aber dann haben sich die Alphas erfolgreich in Kooperationsmodus gefunden, die Gruppe nennt dann eine eigene Identität und ein Konzept sein Eigen und die durchlaufenden sozialen Bildungsprozesse mündeten zuvor in einem sehr stabilen und bestenfalls handlungsfähigen Gruppengefüge.

7. Der Interpret & Erzähler

Ein introvertierter Schlag von Menschen fürchtet die politischen Bedrohungen nicht weniger als die anderen. Doch dieser geht systematischer an das noch unbekannte Netzwerk von „lediglich" oberflächlich Gleichgesinnten heran.

Frage: Lässt sich ein gemeinsamer Nenner über die Übereinkunft der Gefahr der äußeren Bedrohung hinaus finden? Dieses festzustellen, dazu bedarf es Teilnehmer im Netzwerk, die anfangen, weiterführende Sinnfragen zu entwickeln und Gemeinsamkeiten der verschiedenen Ansichten der Teilnehmer herauszustellen.

Die motivationalen Schnittmengen aller Beteiligten stellen den Ausgangspunkt des gemeinsamen Anliegens dar – nicht etwa das jeweils eigene Dafürhalten.

Worauf können sich alle einigen? Welche Möglichkeiten ergeben sich? Welche Optionen und Risiken liefern die Möglichkeiten?

Vor dem Horizont des Möglichen prüft der „Interpret", er deutet das Geschehen im Diskurs.

Durch die Rolle des Erzählers werden die Möglichkeiten des Netzwerks bzw. der Gruppe in einer identitätsstiftenden Gesamtschau zusammengefasst, in der sich bestenfalls jedes Mitglied – im Sinne eines Konsens – wiederfinden kann.

Der Erzähler kann sich durch seine individuell-interpretatorische Form der Moderation zeigen und schließt damit nicht selten eine notwendige Lücke: ein gruppenförderliches Narrativ. Wer kennt die kleine Maus Frederick? Interpret, als analytische Instanz gegenüber dem Diskurs, und Erzähler, als narrative Quelle, bedienen sich beide im Hinblick auf die Gruppe einer Gesamtschau und sind vor diesem Hintergrund wahrscheinlich ein- und dieselbe „kopflastige" Person.

8. **Der „ewige" Oppositionelle**
Hier können wir grob von zwei Subtypen ausgehen. Erstens ist der Querulant zu nennen: *Für nichts und gegen alles!*

Meistens aus niederen Beweggründen, wenn beispielsweise die guten Ideen nicht von ihm selbst stammten oder der Diskurs sich in eine Richtung bewegte, die sich so durch ihn nicht maßgeblich mitbestimmen lässt. Hier spielen egozentrische, wenn nicht gar egoistische Aspekte eine wenig konstruktive Rolle.

Schleichende Gefahr droht, wenn Erwartungen nicht offen und authentisch vor der Gruppe dargestellt werden. Eine wesensähnliche Gefahr zum Überwinder und Begabten. Charakteristisch ist es, wenn Situationen entstehen, wo immerwährend der Fokus thematisch verschoben wird und mit Vehemenz ein gemeinsamer argumentativer Abgleich in der Gruppe konterkariert wird. Dieser Abgleich ist allerdings eine der Grundvoraussetzungen für eine individuelle Kompromissbereitschaft, mit deren Hilfe ein Konsens schlussendlich von allen getragen werden kann. Damit eine Entscheidung auch als Konsens anerkannt werden kann, sollte sich zuvor eine möglichst aktive Auseinandersetzung mit dem Thema sachlich vollzogen haben.

Aber: Gegen etwas zu sein, muss nicht schlecht sein. Bitte nicht mit der Funktion der Risikoabschätzung verwechseln, die (zweitens) u.a. ein Interpret vor nimmt. Die Rolle des „Bedenkenträgers" einzunehmen, kann aus vielerlei Gründen geschehen, aber nicht alle müssen aus Egozentrik, Kleingeistigkeit oder Ängstlichkeit entspringen.

Das Bild des „zehnten Mannes" kann hier als konstruktives Beispiel genannt werden: Wenn neun Mitglieder sich zügig einig sind, dann prüft ein zehntes diese Entscheidung auf Herz und Nieren. Keine leichte Aufgabe und auf Dauer eine Herausforderung für alle Mitglieder. Prüft zum wiederholten Male der „Zehnte" erfolgreich und im Konsens mit den übrigen Mitgliedern, dann ist dieser maßgeblich am strategischen Geschehen der Gruppe beteiligt – und sei es durch sein stets argumentativ gestütztes Veto. Der erfolgreiche zehnte Mann ist in den Augen eines Interessensgeflechtes, Überwindungsalphas und im Sinne des zweiten Gruppentyps[6] ein „Störenfried".

Da der Erfolg des Gruppenvorhabens nicht selten eher durch Vorsicht als durch Nachsicht erreicht wird, so können ewi-

---

[6]Auf Seite 145.

ge Oppositionelle eine charakteristische verzögernde Schlüsselrolle einnehmen, durch die die gesamte Gemeinschaft im Hinblick auf das gemeinsame Vorhaben die hinreichende Möglichkeit zu Reflexion und Austausch erhält. Zudem ist es nicht schwer einzusehen, dass Bedenken stets auch einen Wahrungscharakter in sich tragen können, falls Gruppen bereits organisatorische Erfolge aufzuweisen haben und Resultate der bisherigen gemeinsamen Bemühungen mittlerweile schützenswert geworden sind.

9. **Der „Begabte"**

Vorsicht vor dem Begabten! Ob nun belesen oder aus der eigenen Auffassung spiritueller Erhabenheit heraus zeigen sich diese Alphas zügig als Autoritäten und dulden kaum andere auf Augenhöhe. Hier soll das eigene Besondere als Leitstern für alle gelten. Derartige Auffassungen sind häufig nicht hilfreich, wenn es um Sachfragen und organisatorische Belange geht, Aspekte, die im Zuge der Gruppenbildung an Bedeutung gewinnen, eine Menge Aufmerksamkeit abfordern und auch Begabte schnell an ihre Grenzen bringen können.

Einige Male selbst erlebt, erklärte man sich selbst zur deutungshoheitlichen Instanz, weil anderen die besonderen Gaben fehlten, z.B. Energien, Schwingungen oder Auren wahrzunehmen. Hier sollte anerkannt werden, dass man natürlich so Sekten und Glaubensgemeinschaften gründen kann, aber selbst in politisch instabilen Zeiten wollen dies viele Mitmenschen nicht und suchen eher vom Verstand greifbare und praktische Ansätze.

Kommen die Begabten nicht zum Zug und bleiben im Netzwerk, besteht die Gefahr einen Oppositionellen ersten Typs aushalten zu müssen, was für alle Beteiligten und im Hinblick auf die Gruppenentwicklung als sehr belastend wahrgenommen werden kann.

Ein eher profanes Beispiel ergab sich eines Tages durch eine bestechende Aussage, *wir müssten doch nur alle auf dem gleichen Informationsstand sein.* Der belesene und oftmals in Diskussion unangenehm dazwischenfunkende Betreffende gab dann zu Protokoll, dass er seit etwa 40 Jahren bereits kritisch und gut informiert sei. Auf die Frage hin, wie jemand den gleichen Informationsstand erlangen kann, wenn man erst mit der C-Krise anfing, kritisch zu werden, kam keine Antwort. Auf die Frage, inwieweit das Wissen den Gruppenbildungsprozess begünstigen kann, folgte ebenfalls Schweigen. Die Heterogenität der Beteiligten samt der Begabten darf nicht zum Ausschluss anderer führen. Letztendlich gilt:

Ob nun bestimmte Fähigkeiten oder Fertigkeiten aus Gruppensicht tatsächlich sinnvoll eingebracht wurden, entscheiden alle Beteiligten über die Zeit!

10. Der Konfliktlöser & Harmonisierer
Konfrontationen und Konflikte lassen sich in Gruppenbildungsprozessen nun einmal nicht völlig ausschließen. Sind derartige Konstellationen lediglich situativer Natur so können energiesparend und ohne weitere negative Emotionen Lösungen durch gezielte Moderation herbeigeführt werden.

Auch die meisten Missverständnisse lassen sich klären, wenn hinter ihnen nicht motivationale Konstellationen und sich unausgesprochene Erwartungen verbergen.

Bei weitem schwieriger wird es, wenn langfristige Interessengegensätze schwelend wirken und sich über die Zeit Ärger und Unmut aufstauen können.

4.1. DIE ROLLEN DER „ALPHAS"

Effektive Konfliktlöser sollten gerade in Konfliktsituationen belastbare Moderatoren sein und selbst in einem emotional turbulenten Diskurs vermitteln und neutral bleiben. Diese notwendige Form der Neutralität liegt nicht jedem Moderator, zum einen gerade während einer möglicherweise emotionalen Aufladung des Diskurses und zum anderen, wenn Konfliktlöser ebenfalls ein Teil der Gruppe darstellen. Aufgrund der vorhandenen Sozialbindungen ist Neutralität nicht selten ein Drahtseilakt, der leider zu häufig misslingt.

Die Lösung liegt zumeist ohnehin in der individuellen Natur des Konfliktes selbst, und dessen Lösung scheitert zumeist an der unzureichenden Klärung. Diesbezüglich wird leider häufig der Fokus auf eine andere Lösungsstrategie gelegt: das Harmonisieren.

Das pauschale Harmonisieren kann sich in komplexeren oder in verfahrenen Konfliktsituationen auch als extrem kontraproduktiv erweisen. Im schlimmsten Fall kommentiert deckelnd der Satz, alles wird gut, den totalen Zerfall der Gruppe. Dementgegen gilt: Ohne eine grundlegende Klarheit kann es keine Harmonie geben und jedes unbedeutendes Missverständnis rüttelt am Kartenhaus der Harmonie.

Ich habe oftmals Phasen der Harmonie innerhalb von Gruppen erlebt, weniger allerdings erfolgreiche Harmonisierungsprozesse in konkreten Konfliktsituationen. Schließlich kann man Gruppenharmonie nicht verordnen. Nicht selten stieg das Maß an Harmonie wieder an, nachdem ein oder mehrere Mitglieder die Gruppe verlassen hatte(n) und damit die Notwendigkeit, aber auch die Möglichkeit, einer gemeinsamen und klärenden Konfliktlösung mit sich nahmen.

Doch diese Art der Harmonisierung kann wohl kaum als ein erfolgreicher Konfliktlösungsansatz verstanden werden. Hier gebe ich einem anschlussfähigen und sinnstiftenden Narrativ eines Interpreten und Erzählers (als Prävention oder konstruktiven Lösungsansatz) eher den Vorzug, worauf ein neuer Konsens durch alle herbeigeführt werden kann, wenn einige Mitglieder sich nicht einig sind. Klare Kommunikation und eine für alle Beteiligten plausible Anschauung verhindern, aus meiner Sicht, etwaige Missverständnisse und Konflikte ohnehin am ehesten. Hier gilt Vorsorge, nicht Nacharbeit. Der beste Umgang mit Konflikten besteht darin, diese erst gar nicht entstehen zu lassen. *Je strukturierter die Diskurse und authentischer die Beteiligten, desto begrenzter werden die Konflikte in ihrer Häufigkeit und Reichweite sein.*

In einer derartigen Phase ist Harmonie selbstverständlich und zugleich von sich aus erhaltenswert. Für die Bewahrung sind dann alle Gruppenmitglieder verantwortlich und nicht nur die Konfliktparteien. Das sollte jedem Mitglied klar gemacht werden. Das Zauberwort heißt hier: Diskurs- Konsens- und Anschauungswahrung als höchstes allgemeines Ziel.

Jedes Interesse sollte vor dem bestehenden Konsens hinterfragt werden. Am besten gleich vom interessierten Mitglied selbst.

So das war die knappe Liste samt Charakterisierung der Alphatypen, die ich in den letzten Jahren treffen durfte. Noch interessanter kann die Typenauswahl werden, wenn auf das „Alpha" Etikett komplett verzichtet wird und lediglich die hier vorgestellten Rollen betrachtet werden. Gerade die Frage, welche Rollen in welcher Gruppenkonstellation besonders in puncto Stabilität und Handlungsreichweite förderlich sind, macht für mich die Gruppenthematik ungemein spannend.

4.1. DIE ROLLEN DER „ALPHAS"

Verbleiben noch einige Tipps für die Alphas:

1. Liebe Alphas, wenn es nicht primär nur um das eigene Dafürhalten geht, dann wird wohl zuallererst ein stabiler Diskurs ein Ausdruck dafür sein, dass Ihr gute Arbeit geleistet habt – und die Anerkennung kann nur von der ganzen Gruppe erfolgen und nicht bloß von dem Teil, der Eure Sichtweise oder gar Motivation teilt. Alphas sollten selbstbewusst sich in diskursförderliche Rollen begeben und nicht aus ihrem persönlichen Interesse Gruppen in „Spreu und Weizen" spalten. Daran scheitern leider viele Gruppenbildungsprozesse. Kurz: Viele Alphas erfüllen ihre Rollen schlecht. Häufig im vollen Brustton der Überzeugung, den richtigen Weg zu kennen.

2. Bei mehr als einem Alpha gibt es eine einfache Regel, die im Anschluss als „Küche-Bad-Konstellation" bezeichnet werden kann. Mehrere Alphas einigen sich untereinander, wer was macht. Die Alphas demonstrieren bereits zu Beginn bestenfalls das, was gut organisierte Gruppen irgendwann ohnehin anstreben werden – Kooperation! Einer kümmert sich um die "Küche„, ein anderer um das „Bad". Man kann dem anderen über die Schultern schauen, denn vier Augen sehen mehr als zwei. Man kann sich gegenseitig unterstützen, weniger Fehler zu machen. Dazu sollten Alphas gegenüber allen Mitgliedern auch kritikfähig sein – und bleiben.

Hier noch einige Tipps für alle Gruppenmitglieder:

1. Ein Alpha befindet sich gegenüber der Gruppe in einer Rolle. Ob diese erfolgreich dargestellt wird, hängt von der Einschätzung der Gruppe ab, nicht primär von der Selbsteinschätzung des Alphas selbst. Die Kontrollfunktion der Gruppe im Hinblick auf die Rollenausübung der Alphas ist oftmals ebenso schlecht wie die Rollenausübung der Alphas selbst. Hierfür

müssen sich nicht die Alphas an die Nase fassen, denn auch sie brauchen Resonanz vom Umfeld und diese kann nur die Gruppe liefern, sprich alle Gruppenmitglieder! Wer zu lange schweigt und dann mit geplatzten Kragen losschimpft, hat zu lange gewartet. Diskurswahrung ist die Aufgabe aller – nicht nur die der Alphas!

2. Die Aufgaben, die von Alphas übernommen werden, gehen schnell in die Komfortzone der Gruppe ein. Geschieht dies, dann kann zügig – nicht zuletzt aufgrund der Gruppenträgheit – auch gern eine Ausweitung der Befugnisse der Alphas folgen. Ein ungünstiger Prozess, sollte dieser sich über einen längeren Zeitraum von der Gruppe unbemerkt fortsetzen. Die Gefahr der Machtkonzentration schwingt stets mit, welche auch in kleinen Gruppen zu grundlegenden Verwerfungen führen kann. *Dies zu verhindern, obliegt der gesamten Gruppe!*

3. Mehrere Alphas in einem Gruppenbildungsprozess haben eine klare Aufgabe in dem hier vorgestellten Ansatz des konsensorientierten Diskurses. Sie folgen als Vorbilder dem Motiv der Kooperation[7] und stellen die Gruppe von Beginn an auf ein gemeinschaftliches und stabiles „Wir" ein. Wenn Alphas gemeinsam egoistischen Motiven trotzen und sich miteinander einer dauerhaften Diskursstabilität verpflichtet fühlen, dann scheint die Anerkennung der eingenommenen Rollen durch die Gruppe berechtigt zu sein.

4. Konkurrierenden Alphas geht es jenseits der Oberflächlichkeiten „niemals" um die Gemeinschaft – unabhängig davon, wie stark im Namen des Gemeinschaftswohls argumentiert wird.

---

[7]Dazu die nächsten beiden Abschnitte.

5. Alphas klären, wenn nötig untereinander, aber sie tragen keinen Konflikt über die Gruppe aus.[8] Der *worst-case* liegt im Auftauchen einer zweiten Anschauung. Eine wird dann weichen müssen, *wenn aus einer Gruppe nicht zwei werden sollen*.

6. Sollten sich Rollenveränderungen ergeben, dann muss die Gruppe jedes Mal eine wertende Haltung zur neuen Konstellation einnehmen. Veränderungen auf der Rollenebene, neue Zusammensetzungen durch Bei- und Austritte führen zu Veränderungen des Konsens und der Anschauung. Spätestens in der Frage der geteilten Verantwortung sollten alle Gruppenmitglieder gleichberechtigt den Diskurs genauer im Blick haben, insbesondere wenn sich der Diskurs neu zusammensetzt.

„Was bleibt vom Vorherigen, dem ich meine Zustimmung gab und kann ich persönlich die neuen Veränderungen vertreten?" In einem – nach unserem Ansatz – erfolgreich geführten Diskurs muss diese Frage regelmäßig nach wahrnehmbaren Veränderungen gestellt, (eigens!) reflektiert und in den Diskurs eingebracht werden. Geschieht dies, bleibt der Diskurs von größeren und zumeist verschleppten Verschiebungen verschont und die Gruppe wahrt sich erfolgreich Konsens und Anschauung.

Dahingehend werfen wir einen Blick auf ein einfaches, und bereits angedeutetes, Rezept für diskursorientierte Alphas an:

Kooperation als „Küche-Bad"-Konstellation.

---

[8]Siehe die Problemsituationen Interessengeflecht, Fraktionsbildung und „Peergroup"-Denken.

4.2 Zwischen „Küche" und „Bad"

Wenn eine Wohngemeinschaft neu zusammenzieht und anfängt, sich Regeln zu geben, dann wird es immer etwas heikel. Wer kümmert sich um die Küche und das Bad – freiwillig? Alle Mitbewohner haben den Anspruch, dass beide Räumlichkeiten weiterhin funktional bleiben und keine traumatischen Empfindungen bei den Besuchern erzeugt werden. *Leichter gesagt als getan.* Die Bemühungen der Zuteilung, Festlegung der Aufgaben und die Erstellung eines Wochenplanes stellen natürlich einen vorzüglichen Einstieg dar.

Doch Vereinbarungen wollen auch zur Zufriedenheit aller eingehalten werden und etwa ein halbes Jahr später ist Einiges des früheren Enthusiasmus des Zusammenwohnens verschwunden. Sowohl Timing als auch die Art der Ausführung dürfte sich von Mitbewohner zu Mitbewohner unterscheiden und dies nicht unbedingt zu jedermanns Zufriedenheit. Wer derartige Erfahrungen gemacht hat, weiß, dass sich über die Zeit unter den Mitbewohnern durchaus Unmut breitmachen kann.

Wir wandeln dieses Bild allerdings ein wenig ab. So sehr sich die Mitbewohner einer Wohngemeinschaft einer Lösung ihres Zusammenlebens fügen müssen, so sehr sollten Alphas den Gedanken zügig akzeptieren, dass im Diskurs durchaus die Möglichkeit existiert, sich die Arbeit zwischen „Küche " und „Bad" aufzuteilen, anstatt aufeinander loszumarschieren und sich gegenseitig aus dem Diskurs, sprich aus der Wohnung, zu werfen.

Wenn man miteinander leben oder sich etwas Organisatorisches aufbauen möchte, dann gilt die geteilte Einsicht, dass man aufeinander angewiesen ist. Zusammen wird stets mehr gesehen als allein. Auch unter Alphas kann Arbeitsteilung entlastend wirken und es können durchaus gemeinsam weniger Fehler gemacht werden.

Dazu muss man sich nur einig sein, wer für was zuständig ist und wie mit Grenzfällen umgegangen wird. Ein Gruppenbildungsprozess ist wohl die erste Möglichkeit, wo Alphas erstmals Kooperation aktiv betreiben können.

Alphas könnten (eigentlich sollten) gemeinsam und diskursorientiert der Gruppe in der Sachen *Kooperation* vorausgehen. In einem kooperativ ausgerichteten Diskurs fühlen sich alle wohler, da jeder sich seinem Wesen (Kompetenzen und Kapazitäten) nach einbringen kann und keine darüber hinausreichenden Ansprüche als sinnvoll erscheinen. *Mehr ist nicht immer besser!*

Das Projekt entwickelt sich entlang des Gruppenbildungsprozesses und die organisatorische Lernkurve ergibt sich aus den Anforderungen des gemeinsamen Projektes. Das Ideal zwischen Alphas und Gruppe im Sinne eines Konsens kann nur in einem Kooperationsverhältnis liegen. Ein überaus guter Hinweis auf eine Kooperation zwischen allen Mitgliedern der Gruppe zeigt sich in den Entlastungsphasen. Zu Beginn entlasten die Alphas durch ihren Einsatz die Gruppe und es geht voran. Zwischendurch werden die Alphas allerdings durch die Gruppe entlastet und es entsteht Kontinuität und Stabilität.

4.3 Es gibt nur ein Fernziel: Kooperation!

Das gelungene Beispiel, welches unter Alphas selbst von Beginn an angeführt werden sollte, gilt für die gesamte Organisationsentwicklung der Gruppe. Stabile Gruppen, die an der Organisationsschranke nicht scheitern, können Brücken zu anderen stabilen Gruppen aufbauen. Das Resultat: Kooperation.

Erfolgreiche Gruppen haben sich durch ihre Organisation eine Form von Handlungsfreiheit und -bewusstsein erworben, welches früher oder später im Außen nach Anschluss sucht. Noch am Anfang auf der individuellen Suche nach Gleichgesinnten so werden dieselben – wie von selbst – durch ein Gruppen-„WIR" auf Kooperationsebene gefunden.

Die Vorteile des Kooperationsverständnisses, das Individual- bis Gruppenkonstellationen einschließt, bestehen innerhalb des diskursorientierten Ansatzes in folgenden Punkten:

1. Es wird nach Anschlussmöglichkeiten gesucht. Wir fangen an Brücken zu bauen, verwendbares Gewebe zu erzeugen. Sowohl in einer Gruppe als auch später zwischen Gruppen. $\implies$ Überwindung der subjektiven Isolation.

2. Kooperation baut auf erfolgreichen Gruppenbildungsprozessen auf. Ein stabiler Diskurs, Fähigkeit zum Konsens und eine geteilte Anschauung stellen in kooperativen Gruppen den wesentlichen gemeinsamen Nenner dar. Die jeweiligen Inhalte der beteiligten Gruppen spielen genauso wenig eine Rolle wie es Egoismen innerhalb einer Gruppe tun. $\implies$ Eine Gruppe als stabiler Rahmen.

3. Durch die Schnittmengenbildung zwischen den Gruppen ergeben sich gemeinsame Arbeitsfelder unter Wahrung der originären Ziele der jeweiligen Gruppen. *Was in einer Gruppe gelang, findet nun zwischen Gruppen Anwendung.* $\implies$ Skalierbarkeit der organisatorischen Fähigkeiten innerhalb eines Kooperationsgeflechtes.

Wir merken uns:

Aus stabilen Individuen folgen stabile Gruppen.
Aus stabilen Gruppen folgen stabile Projekte.
Aus stabilen Projekten folgen stabile Kooperationen.

Doch der Weg zum makroskopischen Erfolg beginnt im Kleinen. Darum werden wir uns zum Schluss mit einem maßgeblichen Aspekt auseinandersetzen müssen: dem Motivationsschlüssel.

4.4 Motivationsschlüssel

Fangen wir einfach an. Über Kompetenzen wissen wir: Was Individuen nicht als Kompetenzen einbringen können, ist als Fähigkeit in der Gruppe nicht vorhanden. Dies wirkt sich direkt auf die Zielsetzung der Gruppe aus. Ein Vorhaben, das angestrebt wird, aber die notwendigen Kompetenzen dazu vermissen lässt, kann man wohl zurecht als utopisch bezeichnen. Nicht, dass wir nicht lernfähig wären. Doch was in einer bestimmten Situation nicht vorhanden ist, kann zu diesem Zeitpunkt auch nicht abgerufen werden.

Neben den im weitesten Sinne gefassten Kompetenzen der einzelnen Mitglieder sind allerdings wenigstens noch ihre Motivationen von grundlegender Bedeutung. In diesem Konzept wird davon ausgegangen, dass geteilte Erwartungen sich direkt – wenigstens im Sinne des Konsens der Wahrnehmung – aus den politisch geprägten Motivationen der Mitglieder ableiten lassen.

Die dahingehenden Betrachtungen werden erschwert, weil Motivationen bei Weitem weniger leicht einsehbar sind als Kompetenzen. Auf individueller Ebene kann man in einer Gruppe durchaus zu etwas motiviert sein, auch wenn man selbst dazu die Kompetenzen gar nicht besitzt. Dies ist auch nicht sonderlich erstaunlich, weil eine Gruppe sich (bereits quantitativ) zu Dingen in der Lage sieht, die Individuen unmöglich leisten können. Daraus können aber auch Erwartungen erwachsen.

Wird die Gruppe vor diesem Hintergrund zur Projektionsfläche tiefer und möglicherweise unerfüllbarer Sehnsüchte Einzelner, so gerät

197

der Diskurs bereits im Vorfeld latent unter Druck. Es fehlen die notwendigen unvoreingenommenen Haltungen der Mitglieder. Die finale Form der daraufhin sich offenbarenden, diskursiven Schieflage zeigt sich, wenn sich Enttäuschungen der Betroffenen in Form wortwörtlicher Entladungen ihrer unerfüllten Erwartungen offen zeigen.

So deutlich Kompetenzen die Grenzen der Möglichkeiten offen und bereits zu Beginn der Gruppenbildung herausstellen, so verkappt und schlummernd sind die Gründe für spätere Erwartungsdifferenzen oder für die Gemeinschaft potenziell noch gefährlicheren gegensätzlichen Interessen.

Die Gründe sind stets die Gleichen: In den initialen Konsens gingen die vorhandenen Motivationen der einzelnen Mitglieder nicht hinreichend ein oder der Wandel der Motivationen wird über die Zeit nicht adäquat kommuniziert.

Die Gründe hierfür können mannigfaltig sein, werden hier allerdings weitgehend ausgeblendet und nur oberflächlich als Resultat bzw. als Bedingung für die Folgen betrachtet. Gehen wir davon aus, dass ein unzureichender Abgleich der eigenen Motivationen mit dem bestehenden Diskurs sich häufig unbewusst vollzieht, dann ist die wesentliche Frage nur naheliegend, wie man sich – möglichst bewusst – davor schützen kann.

Eine Thematisierung bereits im Vorfeld auf einer hypothetischen Ebene könnte bereits hilfreich sein, denn die allzu menschliche Folge ist nicht schwer einzusehen: Durch die von Beginn an unzureichende Darstellung der eigenen Motivationen im Diskurs wird die spätere Mitgestaltung des gemeinsamen Vorhabens immens erschwert.[9]

---

[9]Die Desillusionierung durch die eintretenden Konkretionen (S. 149) dürfte dann nicht lange auf sich warten lassen und man registriert häufig zu spät, dass die Gruppenvorhaben dann doch nicht den eigenen Vorstellungen entsprechen.

Vermutlich wird diese *Kröte* eine ganze Weile mangels erkennbarer Alternativen vom Betroffenen selbst stillschweigend geschluckt, häufig in Gestalt innerer Kompromisse, von denen sonst niemand weiß. Man befürwortet die Gruppenentwicklung und lässt von der eigenen abweichenden Motivation insgeheim nicht ab und hofft im Stillen auf günstige Bedingungen in der Gruppendynamik.

Gelingt der Gruppe die Aufrechterhaltung des Diskurses mit ihren bis dahin kommunizierten Motivationen, dann stellt in jedem Fall eine zwischenzeitliche motivationale Neuausrichtung einiger Mitglieder einen schwerwiegenden Eingriff in den Diskurs dar. Die Aussage *ich habe mir das alles ganz anders vorgestellt* führt zu einem Bruch im Diskurs. Über die Zeit stellt sich die Anerkennung der Gruppendynamik ohne eine hinreichende Deckung mit den persönlichen Motivationen als eine prästabile Konstellation heraus.

Man ist in dieser Phase – bewusst oder unbewusst – nicht ehrlich zu sich selbst oder einfach nur *unschlüssig* und dementsprechend auch nicht standfest den anderen Mitgliedern gegenüber. Die Frage, was ich mir von der Gruppe wirklich erhoffe, bleibt verdeckt.[10]

Leider haben viele von uns nicht gelernt, den eigenen Standpunkt als Perspektive in einem Diskurs sachlich einzubringen und zu vertreten. Womöglich liegt hier ein Grund für diesen Umstand, dass vielen Mitgliedern die Klärung unserer eigenen Erwartungshaltung innerhalb eines Gruppenbildungsprozesses derart schwerfällt.[11]

Mag ein politisch-gesellschaftlicher Anlass eine Gruppenbildung einleiten und man sympathisiert aufgrund des Anlasses anfänglich

---

[10]Und den Moment kennen wir alle: Wie schwierig es ist, eine Entscheidung zu fällen, wenn Pro und Contra sich die Waage halten oder sich sogar nicht hinreichend schlüssig klären lassen.

[11]Bitte auch anerkennen, dass in Demokratien um der eigenen politischen Partizipation willen genau diese Fähigkeit jedem Bürger zu eigen sein sollte. Sonst ist es ja keine Demokratie...

miteinander, so ändern sich die Verhältnisse in der Gruppe zweifelsohne mit der Zeit.

Wie so oft machen günstige Bedingungen etwas möglich und ungünstige verzögern oder beenden vorhandene Prozesse. Aber ein bewussterer Umgang mit dem Diskurs und damit auch mit allen Mitgliedern ermöglicht ein höheres Niveau an Kommunikation und damit auch an Organisation. Um dies zu gewährleisten, kann es nur mit Reflexion und Gewinnung von Einsichten beginnen, die dann durch die individuellen Perspektiven der Mitglieder den Diskurs bereichern.

Der Schlüsselbegriff in diesem Abschnitt über Motivation lautet: *Motivationsschlüssel.*[12]

Abbildung 4.1: Voilà, ein Motivationsschlüssel vom Mitglied A.

Mit diesem Begriff soll die Summe aller Motivationen umrissen werden, die uns zur Bewegung auf bestimmte Ziele antreiben, aber auch zugleich abhalten, sich auf andere Aspekte einzulassen.

Zuerst beginnen wir mit dem Motivationsschlüssel I für Individuen. Darauf gehen wir auf den Motivationsschlüssel II ein, der sich im Zuge der Gruppenbildung für die Mitglieder als Schnittmenge ihrer Motivationsschlüssel herauskristallisiert hat.

---

[12]Bitte verzeihen Sie mir dieses Wortspiel. Es war einfach zu verlockend.

4.4. MOTIVATIONSSCHLÜSSEL

Dazu gehen wir zunächst von drei Formen von Unkenntnis aus. Die ersten beiden umfassen allgemein den Motivationsschlüssel I der einzelnen Mitglieder. Der Anlass führte einander unbekannte Menschen zusammen und eine heterogene Gruppe darf angenommen werden. Die noch unbekannten Unterschiede u.a. in Biografie, Charakter und Motivation(en) stellen die offensichtlich erste Unkenntnis dar. Doch die zweite Form der Unkenntnis spiegelt ein fehlendes Bewusstsein jedes Einzelnen gegenüber dem eigenen Motivationsschlüssel wider. Wir wissen in den seltensten Fällen, was wir (wirklich) wollen, was uns (wirklich) fehlt – selbst ob wir gerade (wirklich) glücklich sind oder nicht. Und dieser Umstand kann sich von Augenblick zu Augenblick auch noch verändern. Was wir für uns nicht wissen, können wir nach außen nicht bewusst und authentisch darstellen.

Der dritten Unkenntnis ist die Frage gewidmet:

Wer bin ich in der Gruppe?

Gegenüber der ersten und zweiten Unkenntnis sollte man sich selbst möglichst viel Klarheit verschafft haben, noch bevor man eine Gruppe beitritt. Der dritten Unkenntnis lässt sich nur mit der Gruppe gemeinsam begegnen.

Hier spielen etwaige spätere Selbsterkenntnisse im Verlauf der Gruppenbildung eine wichtige Rolle. Unsere anfänglichen Gewissheiten müssen in diesem Prozess nicht dieselben bleiben. Darum wäre die Anerkennung der Ebene der Motivationen, anhand eines über die Zeit *dynamischen* Schlüssels, bei unserer Betrachtung sicherlich hilfreich.

Nun, wir gehen jetzt davon aus, dass jeder seinen eigenen Motivationsschlüssel I besitzt, dieser sich unter den Mitgliedern unterscheidet und sich im Laufe der Zeit sogar verändern kann. Versuchen wir uns vorzustellen, welche Aspekte einen derartigen individuellen Schlüssel ausmachen können. Hierbei werden einige Beispiele ausreichen

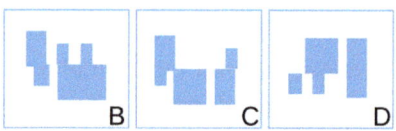

Abbildung 4.2: Variationen der Motivationen

müssen, um etwas zu veranschaulichen. Ebenfalls kann hier nicht erwartet werden, dass alle Variationen des Zusammenwirkens der Aspekte allein eines einzelnen Motivationsschlüssels I durchgespielt werden.

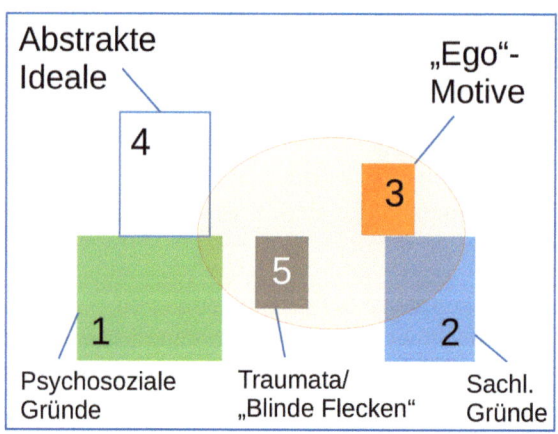

Abbildung 4.3: Einzelaspekte auf der Motivationsebene

Wir wollen anhand einiger Beispiele lediglich zeigen, welche Faktoren im Spannungsfeld zwischen Motivationsschlüssel I und II liegen und inwieweit diese in einem Gruppenbildungsprozess eine Rolle spielen können. Ebenfalls werden hier Erfahrungen verarbeitet und sich um deren Darstellung bemüht. Es ist klar, dass man der Komplexität der Thematik hier nicht gerecht werden kann, aber dieser Umstand sollte nicht grundsätzlich ein Vorhaben um Sensibilisierung verhindern. Es geht also wieder um Veranschaulichung.

Inwieweit sie uns hilft, einen Gruppenbildungsprozess weiter zu entwickeln, einen Diskurs stabil zu halten und Entscheidungen innerhalb eines auf Konsens basierenden Rahmens *gemeinsam* zu fällen, hängt schlussendlich von der Reflexions- und Kommunikationsbereitschaft jedes einzelnen Mitgliedes einer Gruppe ab.

Die Frage, *was möchte speziell ich im Hinblick darauf, was alle in der Gruppe wollen,* bleibt ohne hinreichende Klärung des Verhältnisses zwischen dem Motivationsschlüssel I und II eine tickende Zeitbombe. Gehen wir auf die zunächst fünf Faktoren im subjektiven Motivationsschlüssel I ein (siehe dazu Abb. 4.3).

In einer gesellschaftlich-ambivalenten Zeit dürften „psychosoziale" Verwerfungen im eigenen Umfeld und die daraus entstehenden Ängste und Verwirrungen uns darin bestärken, auf diese äußeren Entwicklungen irgendwie zu reagieren.

Kritische Ungeimpfte dürften seit der C-Krise wohl ein Liedchen davon singen können und viele kritische Mitmenschen machten sich auf die Suche nach Gleichgesinnten.

Neben den emotionalen Belastungen liegen aber auch *sachliche* Gründe vor, wie existierende oder aufkommende Bedrohungen oder auch eine Verschärfung der Kommunikationsformen im öffentlichen Diskurs in einer zunehmend polarisierten Gesellschaft.

Hier werden unter dem Begriff „Anlass" die *psychosozialen und sachlichen Gründe* verstanden, die alle Mitglieder, als tatsächlich (zunächst) Gleichgesinnte, miteinander verbinden.

Wir bezeichnen genauer mit „psychosozialen Gründen" (1) *vermittelte* Einflüsse einer zunehmend unsicher werdenden Umwelt. In mehreren Bereichen des eigenen sozialen Umfeldes werden bedrohliche Veränderungen subjektiv wahrnehmbar. Unterschieden wird hier, wenn „sachliche Aspekte" (2) auf den Alltag konkret und *unvermittelt* Einfluss auf das eigene Leben nehmen.

Es ist nicht schwer einzusehen, dass der situativ negative Charakter beider Typen von Gründen zunächst eine Art Oppositionsgeist widerspiegelt, der die Mitglieder in der Anfangsphase der Gruppenbildung anregt und leitet. Und genau hier erinnern wir uns hoffentlich an eine mittlerweile altbekannte Forderung: Die Bedeutung des Anlasses zuvor hinreichend zu klären.

Der gruppenförderliche Anlass verknüpft die vorhandenen (allerdings subjektiv unterschiedlichen) psychosozialen und sachlichen Gründe. Dies ist der einfache Teil, denn die Mitglieder einer politisch motivierten Gruppe sind letztendlich ja nicht Urheber des Anlasses. Sie werden allerdings über diesen mit einer biografischen Heterogenität und mit der gemeinsamen Aufgabe der gruppenweiten Erzeugung von Einhelligkeit (bzw. einer geteilten Anschauung) konfrontiert. Erster Anforderungsgrad.

Wir haben dieses Phänomen schon auf Seite 97 angesprochen und wollen die Betrachtung über die Motivationsebene weiter verknüpfen, indem wir andere Aspekte des Motivationsschlüssel hinzuziehen.

Im Folgenden wird am Beispiel der Kommerzialisierung, scheinbar ein ständiger Begleiter erfolgreicher Gruppen- Projektentwicklung, die „EGO"-Motive (3) illustriert, die den Gruppenbildungsprozess weiterhin biografisch fordern. Zweiter Anforderungsgrad.

Wir können auch von Egoismen sprechen, mit deren steigender Relevanz gerechnet werden muss, z.B. wenn der Anlass mit der Zeit

Staub ansetzt, weil sich der Druck auf die Gesellschaften nicht stetig erhöht. Dies hat natürlich auch auf die anfängliche Euphorie der Begegnung mit Gleichgesinnten Einfluss.

Allein der Erhalt (entgegen der Steigerung) des gesellschaftlichen Drucks führt dazu, dass über die Zeit große Teile der Gesellschaft dazu neigen, sich mit der *Neuen Normalität* zu arrangieren, anstatt sich ihretwegen zu engagieren. Ein Phänomen des Arrangierens kann sich in politisch motivierten Gruppen u.a. durch das Hervortreten ökonomischer Überlegungen vollziehen, beispielsweise aus der gemeinsam wahrgenommenen Not der Gesellschaft ein Geschäftsmodell erwachsen zu lassen.

Es wird in einer politisch motivierten Gruppe immens problematisch werden, wenn der Broterwerb als EGO-Motiv im Motivationsschlüssel einzelner oder mehrerer Mitglieder auftaucht und Teil des Motivationsschlüssel II wird. Warum?

Nun, wenn der ursprüngliche Anlass politischer Natur ist, dann können ökonomische oder gar rein kommerzielle Interessen diesen Anlass über die Zeit aushebeln. Gewinnstreben und Selbsterhalt können korrelieren, aber hervorgerufen durch äußeren Zwang kann sich die Korrelation erst über die Zeit und entlang einer gemeinsam geteilten Anschauung einfinden. Greifen egoistische Motive diesem Prozess vorweg, dann gilt:

Tritt die Notwendigkeit zum Erhalt des politisch motivierten Konsens **für alle** in den Hintergrund und gewinnt währenddessen Gewinnstreben **für einige** an Bedeutung, dann hat die Gruppe ein Problem und wahrscheinlich bereits ihren ursprünglichen politischen Anlass samt Anschauung verloren.

In diesem Augenblick wandelt sich auch der Konsens von einem allgemeinen Werteverständnis zu einem bloßen Abstimmungsinstrument, das wohl nicht mehr als den kleinsten gemeinsamen Nenner herauszustellen vermag. In diesem Fall lässt sich durch eine folgende Lagerbildung durchaus von einem Ende der Gemeinschaft sprechen. Doch dies bleibt einem Teil der Gruppe nicht verborgen und während sich „EGO"-Motive erfolgreich erfüllen, fühlen sich die übrigen Mitglieder um den geltenden Konsens als zuvor geteilten Wertekatalog betrogen.

Es soll hier nicht gegen eine Kommerzialisierung eines anfänglich politischen Vorhabens grundsätzlich argumentiert werden. Wenn sich die Transformation im Konsens vollzieht, dann gilt, wie für alle Veränderungen: die erfolgreiche Erhaltung des Diskurses muss sichergestellt sein, ob nun die Gemeinschaft politisch oder ökonomisch geprägt ist.

Es besteht mit dem Aufkommen von ökonomischen Interessen die Gefahr, dass Ableger dieses Interessentyps miteinander konkurrieren, was die Frage wohl zügig aufkommen lassen dürfte, welcher Stellenwert noch den ursprünglichen psychosozialen und sachlichen Gründen zukommen, die die Gruppe überhaupt ja erst zusammengeführt haben. Der daraufhin sinkende Stellenwert in Hinblick auf einen geteilten Diskurs, Konsens, Anschauung, Verantwortung und nicht zuletzt Vertrauen spricht Bände.

Alle Mitglieder, die diesen Aspekt des EGO-Motivs in seiner kommerziellen Form nicht teilen, werden dem fortlaufenden Gruppenbildungsprozess und der damit einhergehenden thematischen Verschiebung des Diskurses kritisch gegenüberstehen müssen, denn die Fortführung enthält im radikalsten Fall eine direkte Distanzierung vom Anlass als Ausgangspunkt. Mit der Distanzierung vom Anlass kann aber auch ein weiterer motivationaler Aspekt ins Wanken geraten, die abstrakten Ideale (4). Idealerweise vermag es eine Gruppe, in politisch ambivalenten Zeiten, sich Handlungsoptionen (im weitesten Sinne) zu schaffen. Hier verknüpfen die psychosozialen Gründe (1), die Sachebene (2) und die abstrakten Ideale (4) (schlussendlich über das gemeinsame Handeln) eine geteilte Anschauung, die die Gruppe gemeinschaftlich erfolgreich leitet. Das Resultat: Motivationsschlüssel II.

Mit den Stichworten *Trauma* und *blinder Fleck* betreten wir aber wirklich ein sehr weites Feld, was hier nur soweit thematisiert gehört, dass es die subjektiven Anteile im Hinblick auf Sachlichkeit, Selbstkritik und Gemeinschaftssinn eindeutig schmälert. Inwieweit wir in einer Gemeinschaft stabil sein können, hängt schlussendlich wesentlich von den beiden letztgenannten Aspekten ab. Dritter Anforderungsgrad (siehe Abbildung 4.4).

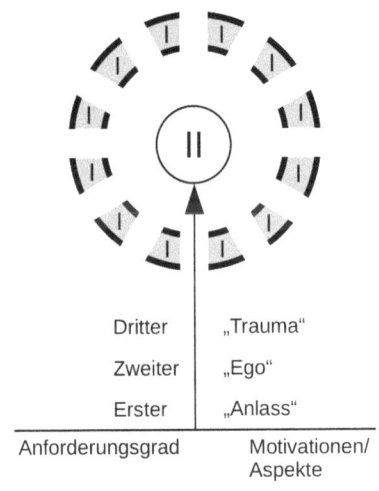

Anforderungsgrad	Motivationen/ Aspekte
Dritter	„Trauma"
Zweiter	„Ego"
Erster	„Anlass"

Abbildung 4.4: Motivationale Anforderungen an die Gruppe

Es ist klar, dass bestenfalls nüchterne und argumentativ miteinander teilbare Gründe einem gemeinsamen Handeln vorausgehen und eben nicht egoistische.

So stellt sich bei einigen (interessengeleiteten) Mitgliedern der Umstand als Problem dar, dass ein gemeinschaftlich organisatorischer Anspruch den Diskurs sehr zügig sachlich und allgemeingültig werden lässt.

Der egoistische Wunsch (wahrscheinlich durch Traumata angefachte) nach Bedürfniserfüllung gilt in einem Sachdiskurs als immense Belastung und sollte zügig im Gruppenbildungsprozess erkannt werden.

Läuft im Diskurs wirklich alles schief und dies geschieht leider öfter als man meint, dann folgt ein klar erkennbares Schema: u.a. das Aufkommen von Emotionen, Konflikt, verfestigte Lager, Wechsel der Gruppenmitglieder etc. als Zeichen der (zumindest teilweisen) Zerfallserscheinung.

Solange die Gruppe nicht als Ganzes zerfällt, können wir, durch das Vorhandensein von Sozialbindungen, noch von einer möglichen Neukonstellierung der Gruppe sprechen.

Sollte der Austritt Andersdenkender akzeptiert und die Bereitschaft das ursprünglich Gemeinsame bereitwillig zu opfern, offen erkennbar werden, dann wird die Situation wohl kaum von allen Mitgliedern als sinnvoll eingeschätzt.

Dass im Zuge dieses Prozesses das gegenseitige Vertrauen ebenfalls eine „Schlüssel"-Rolle einnimmt und in einer diskursiven Schieflage bereits sehr früh geopfert wird, muss wohl nicht noch eigens ausgeführt werden.

Leider wird viel zu oft Vertrauen als Maßstab einer erfolgreichen Zusammenarbeit angesehen, weniger allerdings die Bedingungen, die Vertrauen vorausgehen müssen und ein Rahmenbezug, in dem Vertrauen überhaupt Sinn macht.

Als einen wesentlichen Rahmenbezug werden hier im Folgenden die Sozialbindungen unter den Mitgliedern betrachtet.

4.5 Sozialbindungen als Garant des Vertrauens

Neben dem subjektiven Motivationsschlüssel bleibt noch der Aspekt der zwischenmenschlichen Bindung. Eine Form derartiger Bindungen nennen wir Freundschaft, auf die Mitglieder sich auf der Welt verlassen können sollten.

Allerdings ist hier nicht der Ort, auf Bindungsformen im Allgemeinen oder auf Facetten der Freundschaft einzugehen. Unabhängig davon, wie Menschen zueinander finden, so sind soziale Bindungen in politisch motivierten Gruppen langfristig von *tragender* Bedeutung.[13]

In einem idealen Gruppenbildungsprozess gehen bestenfalls die thematischen und zwischenmenschlichen Entwicklungen Hand in Hand. Hier können wir von einem hypothetischen Optimum sprechen.

In diesem ersten und besonders günstigen Fall über die Möglichkeiten und Grenzen aus der Perspektive der Gruppenbildung zu sprechen macht nur wenig Sinn, da der Wille, der sich von Gruppe zu Gruppe unterscheidet, hier als erfüllt angesehen werden kann.

Was wollen wir auch lernen, wenn alles passt und gelingt? Letztendlich entscheiden die verfügbaren Mittel, was bei vollständiger Einhelligkeit umgesetzt werden kann. Eine einhellige Gruppe von Multimilliardären dürfte dementsprechend globale Reichweiten aufweisen – zumindest in der Theorie;)

---

[13]Wir behandeln in diesem Abschnitt vier Fälle der Bindungs- und Projektentwicklung. Bitte das Schaubild auf Seite 213 zur Orientierung verwenden.

Betrachten wir allerdings die weiteren drei Fälle, dann müsste Vieles aus der bisherigen Lektüre bekannt vorkommen. Deswegen kann ich mich hier nun kurzfassen und den Fokus auf die Bedeutung der Entwicklung von sozialen Bindungen in politisch motivierten Gruppen lenken.

Aus dem Optimum lernen wir, dass die thematische und soziale Ebene sich miteinander entwickeln. Stößt eine Ebene an ihre Grenzen, dann ergreifen Bremsprozesse auch die andere. Kommt es zu Überforderungen auf der Sachebene, so werden Instabilitäten auf der sozialen Ebene folgen.

Tritt der zweite Fall ein, dann leidet Weitsicht und Konsequenzenabschätzung. Nun ist es nicht mehr weit zu organisatorischen Verwicklungen, die schlussendlich dazu führen, dass die rechte Hand nicht weiß, was die linke tut.

Viele Vorhaben werden halbwegs von der Gruppe überschaut, wenn ebenfalls thematisiert wird, wie im schlimmsten Fall eine Rückabwicklung der Vorhaben realisiert werden kann. Hier ist wieder Einhelligkeit Trumpf. Setzt sich, ein nun hoffentlich bekanntes Beispiel, nicht einhellig geteilt Kommerzialisierung durch, dann gilt durchaus das Sprichwort:

Bei Geld hört die Freundschaft auf.

Fraktionsbildung, ein Kampf um die Diskurshoheit, Konkurrenz und Konflikte sind aufgrund fehlender Klarheit wahrscheinlich. Ebenso die irgendwann fehlende Wahrung der ursprünglichen Übereinstimmung, warum man zu Beginn eigentlich zusammengefunden hat (Verlust des Anlasses). Die bestehenden Sozialbindungen werden überstrapaziert und es wird das gegenseitige Vertrauen unbedacht aufs Spiel gesetzt.

4.5. SOZIALBINDUNGEN ALS GARANT DES VERTRAUENS

Ein Hinweis auf diese Entwicklung lässt sich gut erkennen, wenn wir darauf achten, wann nicht der Gemeinschaft als Ganzes, sondern lediglich einem Teil der Gruppe Solidarität ausgesprochen wird.

Ein untrügliches Zeichen auf dem Weg zur Lagerbildung...

Im zweiten Fall sprachen wir von einer thematischen Überforderung. Gehen wir nun zum dritten Fall über, in dem von einer thematischen Unterforderung ausgegangen wird, dann fällt eine Parallele, die Gefährdung der Bedeutung des Anlasses, auf.

Überhaupt kommt in diesem Fall dem umliegenden Netzwerk eher eine sekundäre Bedeutung zu und fehlender Organisationswille und eine wenig präsente Aktiva sind Kennzeichen dafür. Die Sozialbindungen entstehen nur vereinzelt und der Diskurs bleibt thematisch oberflächlich. Bezeichnend ist der Umstand, dass selbst Jahre nach der Entstehung eines Netzwerks und selbst nach Dutzenden von Treffen sich noch nicht alle Beteiligten beim Namen kennen.

Hingegen behilft man sich mit Attraktionen von außen: Externe Referenten liefern Motive des Machbaren und gern schließt man sich bestehenden Projekten aus der Ferne an, bevor man sich um eigene bemüht.

Tatsächlich ist wohl das deutlichste Zeichen fehlenden Eigenantriebs eine allmähliche Entpolitisierung des Netzwerks. Es kommt nicht mal zu einer Kerngruppe. Man sitzt sozusagen die Krisen gemeinsam passiv aus, da man ja glücklicherweise nicht mehr ganz allein ist. *Alles wird gut.*

Die fast hypnotische Selbstsuggestion eines alles überstrahlenden Optimismus, durch eine Netzwerkbildung allein hervorgerufen, ist wohl einer der heimtückischsten Fallstricke. Hier lässt sich auch ablesen, wie vereinsamt und atomisiert unsere Gesellschaft geworden ist, wenn bereits zwischenmenschliche Nähe als Allheilmittel politischer Probleme angesehen wird.

Im vierten und letzten Fall können wir vom typischen *Stammtisch* sprechen. Die Grenzen zum dritten Fall sind fließend. Hier unterscheidet wohl am ehesten die Vehemenz. Viele Sätze beginnen mit, a) man müsste doch nur..., b) früher war alles besser oder c) es greifen allgemeine Ohnmachts- und Empörungsparolen, die jegliche Subjektivität unterbinden.

Hier darf dann auch gern darüber diskutiert werden, ob die Erde flach oder der Mond ein künstliches Konstrukt ist. Inwieweit diese Themen in Zeiten eines globalen Krisenzirkus einer Gesellschaft helfen können, ist mir bisher schleierhaft geblieben. Ich muss allerdings zugeben, im Hinblick auf eine weitere Desorientierung haben diese Themen sicherlich einen gewissen Nährwert. Ein Indiz für den vierten Fall.

Beim „Kaffeekränzchen", gern auch mit ein oder zwei Bieren mehr, thematisiert man nahezu mit Wollust irgendwelche Wertvorstellungen und zelebriert im eigenen stillen Zwiespalt und nicht enden wollender Empörung die eigene Ohnmacht.

Fragen wie z.B., *was können wir tun*, stören die traute Einhelligkeit der Zusammenkunft und man darf sich während der eigenen Bemühungen um ein gemeinsames Handeln nicht wundern, wenn man selbst dabei als Störenfried angesehen wird.

Sollten Sie Mitglied einer politisch motivierten Gruppe sein, dann legen Sie die folgende Folie einmal darauf und vergleichen Sie, welche Eigenschaften auf die Gruppe zutreffen.

4.5. SOZIALBINDUNGEN ALS GARANT DES VERTRAUENS

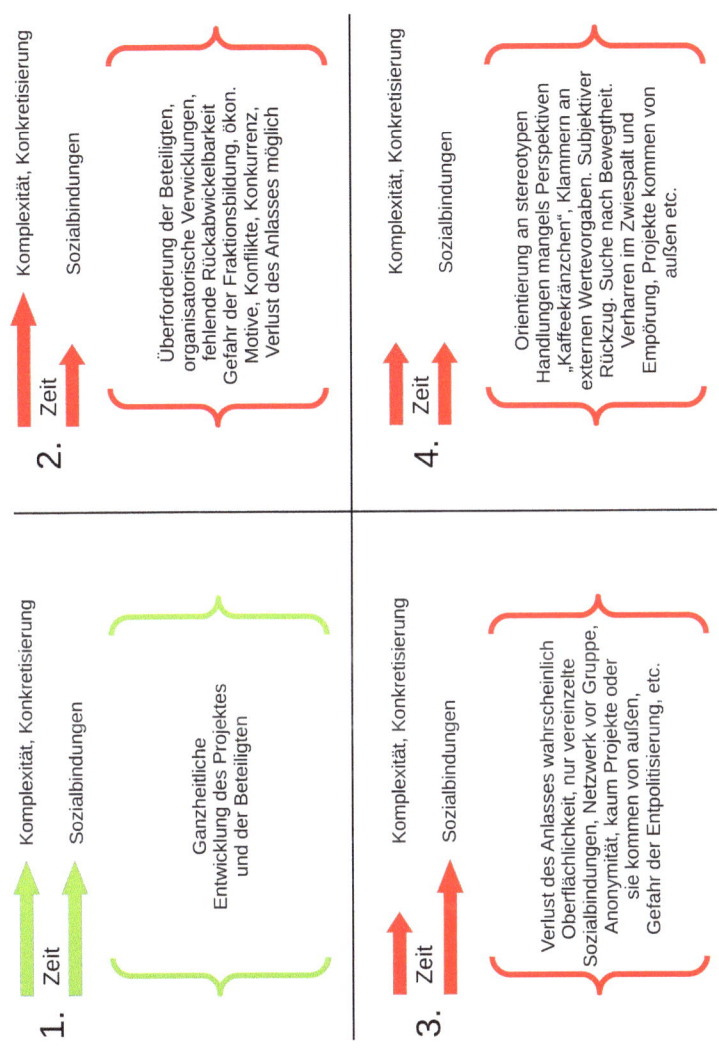

Abbildung 4.5: Vier Felder der Projekt- und Bindungsentwicklung

213

4.6   Des Pudels Kern: Die eigene Entscheidung

Wir können in Zeiten der Not innerhalb einer Gemeinschaft auf den Anderen schauen und uns vergewissern, dass wir nichts falsch machen.

Solange wir dies tun, sind wir Teil eines Gefüges, innerhalb dessen eine eigene Willensbildung zumindest teilweise freiwillig abgegeben wird.

Es gibt allerdings auch Momente im Leben, in denen es auf keine andere Instanz ankommt als auf die eigene innere Stimme. Sie sagt uns über Eingebung, Intuition oder Bauchgefühl, was richtig ist und was nicht.

Ob nun bewusst oder unbewusst, wir erhalten kurzfristig das Gefühl einer ganzheitlichen Sicht und sind daraufhin eher bereit, eine grundlegende Entscheidung zu treffen. In diesem Augenblick ist nicht Angst federführend.

Im Zuge der ganzheitlichen Betrachtung sind wir weitgehend angstfrei, oder in anderen Worten, es übernimmt ein anderer Teil in uns und wir interpretieren das Umfeld innerhalb einer eigenen Gesamtschau. Hier wird der Einzelne zum Individuum und es wird eine individuelle Entscheidung geboren...

In diesem Augenblick sind wir nicht unbedeutend,
sondern Zentrum der Gesamtschau.

In diesem Moment spricht die Evolution durch unsere Entfaltung zu uns und das Individuum wird zu einer günstigen Bedingung im Hinblick auf die Entwicklung aller.

Darum steht es jedem sozialen Gefüge, einschließlich unseres Staates, gut zu Gesicht, jede in diesem Sinne günstigen Bedingungen in der Gesellschaft zu fördern.

4.6. DES PUDELS KERN: DIE EIGENE ENTSCHEIDUNG

Das Wohl aller ist durch das Wohl jedermanns abgedeckt.
Umgekehrt gilt dies nicht!!!
(Wie man uns weismachen will...)

Abhängig davon, in welcher Bedürfnisstruktur wir uns befinden, was uns antreibt und welches Rollenverständnis wir über unsere Biographie entwickelt haben, erreichen wir bestenfalls mehrmals im Leben den bedeutsamen Augenblick der subjektiven Entscheidung.

Unsere Gesamtschau trifft auf ein Ziel und wir sind zur Umsetzung entschlossen. Wie häufig hat uns Hollywood den Helden in der Notsituation gezeigt, wo er sich ein Herz fasst und zur alles entscheidenden Tat schreitet?

Aber einmal gegengefragt: In wie vielen Situationen unseres Lebens wurden wir, dem Helden gleich, aufgefordert, eine folgenschwere Entscheidung zu treffen? Wo wir doch in einer Gesellschaft leben, in der uns (fast) alle Lebensbereiche in irgendeiner Weise abgenommen sind und schwerwiegende und bedeutende Entscheidungen und ihre Konsequenzen überwiegend auf der Leinwand erlebt werden.

So stolpern wir unmündig in gesellschaftliche Situationen, die nicht von uns entschieden wurden. Selbst der Mehrwert unserer Arbeit gehört stets anderen.

Wir fragen nach den Möglichkeiten und Grenzen des Weges, der gemeinsam beschritten wird und wir begeben uns, vielleicht zum allerersten Mal, in eine essentielle Rolle innerhalb einer unbekannten Gruppe.

Der subjektive Ort der eigenen Entscheidung behält seinen Vorrang und das gefällte Urteil geht auch stets in die Gruppenbildung ein. Sie (die Gruppe) wird diese Entscheidung einfordern und nicht (wie so oft) abnehmen, wie manche (auch kritische) Mitglieder es von der Gesellschaft gewohnt sind.

Wir entwickeln uns in Zeiten der Veränderung und unser Charakter bildete sich bisher zu einem wesentlichen Teil durch die Menschen, denen wir im Laufe unseres Lebens begegnet sind. Wie soll es auch anders sein?

Hier liegt eine immerwährende Chance: In jeder unbekannten Gruppe ist eine neue, eigene Entscheidung möglich. Mit jeder neu angenommenen Facette unseres Daseins lassen wir auch etwas Altes zurück. Vielleicht etwas, was zu erhalten sich nicht wirklich lohnte und uns im Zuge des Wechsels ebenfalls etwas von unserer Angst und Trägheit abnimmt.

Erhalten wir hierdurch nicht auch einen Teil unserer individuellen Freiheit zurück? Vielleicht eine Form von Freiheit, derer man sich nur selbst bewusst werden konnte und die keine andere Autorität dieser Welt zuweisen kann?

Derartige Situationen sind für unsere Charakterbildung immens einflussreich und in einem konventionellen Leben in einer hochzivilisierten Gesellschaft wie der unseren sind die Möglichkeiten zu derartigen „Updates" aufgrund eigener Entscheidungen grundsätzlich rar gesät.

Dass der Ort der originär eigenen Entscheidung gleichzeitig eine Antwort auf die Frage gibt, wer wir sind, sollte jedem auch jenseits einer zunehmend polaren und instabilen Gesellschaft einleuchten.

Für diese Einsicht bedarf es der Not nicht. Doch Not steht ebenfalls für Veränderung – nur für keine freiwillige. Wir werden nach der Not niemals wirklich freier sein.

Bitte schauen Sie auf die letzte Darstellung in diesem Buch und versuchen ohne große Anleitung zu verstehen, worauf hier angespielt wird.

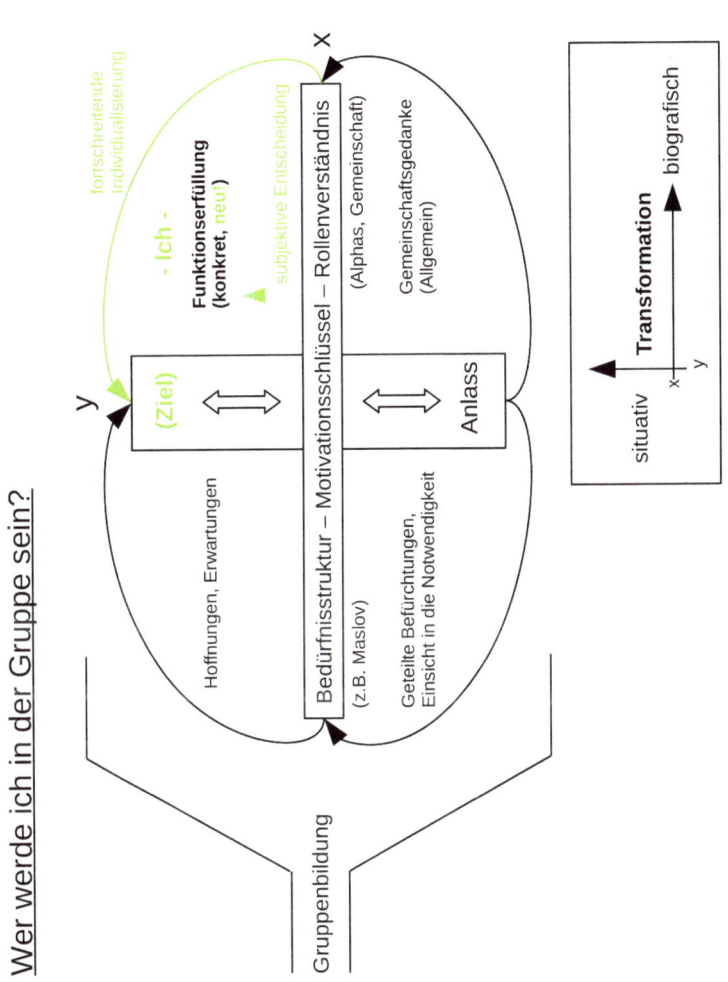

Abbildung 4.6: Der Ort (in grün) einer subjektiven Entscheidung

4.7 Gefahren

Die folgenden Punkte spiegeln Problemfelder wider, die sich, teilweise wiederholt, beobachten ließen. Sie führten bei fehlender Einhelligkeit im Verständnis wenigstens zu heftigen Debatten und bei einer weiterhin ausbleibenden Verständigung zu Austritten aus der Gruppe bis (dann fast unausweichlich) zur Auflösung der Gruppe selbst.

Die Lösungen liegen in den kommunikativen und sachlichen Kompetenzen der Gruppenmitglieder in Bezug auf die gemeinsam gesteckten Ziele.

Wären diese Ebenen im Einklang, dann könnten viele Herausforderungen aus der Sicht des geteilten Anspruchs erst gar nicht zu Problemen heranreifen. Ergo: Wird nicht im Vorfeld ein kommunikativer Bezugsrahmen (siehe S. 157) geschaffen, über den aufkommende Fragestellungen gemeinsam interpretiert werden können, so stellen die Übergänge für die Beteiligten durch neu aufkommende Sachverhalte in neuen Situationen einen einzigen Stolperprozess von einer Konstellation in die nächste dar. Ein kommunikativer und organisatorischer „freier Fall" also.

Es begann mit Hoffnungen in eine gemeinsam angestrebte Lösung zu einer politisch-gesellschaftlich bedrohlichen Zeit und es endete mit einem auf Enttäuschung und Vorwurf basierenden Zerwürfnis. Die äußeren Anlässe führten nicht zu einer gesellschaftlich adäquaten Reaktion. Das muss nicht sein, aber es geschieht leider viel zu oft, auch in großen Organisationen wie Parteien und Initiativen.[14]

---

[14]Die Unterbindung von gesellschaftlich adäquaten Reaktionen auf weitreichende Eingriffe in die Gesellschaft ist Staatsaufgabe. Dies anzuerkennen würde helfen, wenigstens den Ernst der Lage zu registrieren und macht die erforderliche Disziplin nachvollziehbarer, die es zu wahren gilt und dies beinhaltet eben nicht, andauernd die Umsetzung der eigenen Wunschvorstellungen oder die Wahrung

4.7. *GEFAHREN*

Die Gefahr eines fehlenden Konsens der Wahrnehmung

Mit den hier thematisierten Arten von Zusammenschlüssen zu Netzwerken werden zuerst die Sichtweise auf die aktuelle politische Lage und persönlich gemachte Erfahrungen ausgetauscht. Das Bedürfnis, sich mitzuteilen (sich erleichtert in den Arm zu nehmen), hat am Anfang Priorität. Doch die sich austauschenden Biografien sind voneinander unterschieden. Wache und vor Veränderungswillen strotzende Studenten und grundsätzliche kämpferische Charaktere sehen die Dinge gewohnheitsmäßig anders als so mancher Beamter, Eltern mit ihren eigenen Familiensorgen oder Senioren mit ihrem Altersweitblick.

Die unterschiedlichen Wahrnehmungen der Bedrohung werden eine Vielzahl von Arten der Betroffenheit nach sich ziehen, was sich natürlich auf die Konsensfindung in Bezug auf zukünftige gemeinsame Handlungen auswirkt. Um dieser Gefahr zu begegnen, sollte man sich einhellig einer Bedrohung und ihrer Reichweite bewusst werden und einen Konsens gegenüber dem Gegenstand der Wahrnehmung gebildet haben. Kurz: Wir nehmen X als Bedrohung wahr und teilen diese Ansicht.

Wo wir auch gleich bei der nächsten Gefahr wären.

Die Gefahr eines fehlenden Konsens der Handlung

„Was wollen wir nun tun?" oder „Worin bestehen letztendlich die Konsequenzen unserer Zusammenkünfte?" Findet man hinsichtlich dieser Fragen keine passenden Antworten, dann wird die Gruppenentwicklung empfindlich gestört. Lässt sich keine Einigung erzielen, dann bleibt bestenfalls noch das Netzwerk und damit neue Anlaufversuche zu einer erfolgreichen Gruppenbildung. Erste Erfolge durch

---

der eigenen Komfortzone zu priorisieren. *Ohne Selbstdisziplinierung wird es nicht gehen können!*

organisatorische Zielsetzung als Antwort auf die eben gestellten Fragen überführen das Netzwerk in eine Gruppen. Nicht vergessen!

Euphorie

Oh, die liebe Euphorie. Ist es nicht schön, dass Event X eintrat, dass sich unsere Hoffnungen erfüllten, welche neuen Möglichkeiten sich nun auftun, ein wichtiger Meilenstein getan wurde, was für ein ganz großes Glück „wir alle" haben, usw. usf.

Ich möchte kein Spielverderber, Bedenkenträger oder Schwarzmaler sein, aber was passiert, wenn die angefachte Euphorie gar nicht eine Gruppe in Gänze, sondern nur einen Teil erfasst und der andere Teil komplett nüchtern bleibt? Was passiert, wenn die Hochstimmung auslösenden Ereignisse seitens der euphorisierten Fraktion Forderungen nach sich ziehen, die sich mit den ursprünglichen Vereinbarungen nicht in Einklang bringen lassen?

Das Auftreten von „glücklichen" Begebenheiten kann eine Gruppe sprengen, insbesondere wenn während der euphorischen Phase die Meinungen anfangen, auseinanderzugehen. Sachargumente treten in den Hintergrund und unbemerkt hat sich um den glücklichen Umstand längst ein Interessengeflecht gebildet, das die Gruppe als Prozess der unfreiwilligen Fraktionierung teilt. Die Nachwehen einer euphorischen Phase können bei weitem nachhaltiger sein als die Euphorie selbst – sie bleibt ja ohnehin nur gefühlt einen Augenblick. Der Morgen des Erwachens kann hingegen unangenehm ernüchternd und vor allem bleibend für die Gruppe sein.

„Lagerbildung"

Eine der bleibenden Folgen stellt die klassische (Zweier-)Lagerbildung dar. Lager behaupten ihre jeweils eigene Anschauung gegenüber dem anderen Lager und negieren zugleich die Legitimität der Anschauung des anderen. In einer derartigen Konstellation kann es keinen Konsens geben, da keine einhellige Anschauung existiert, die dies zulässt. Wird dennoch von einem Konsens gesprochen, ist die Rede von Beschlüssen im Sinne eines „kleinsten, gemeinsamen Nenners", unbedeutende Randthemen betreffend oder von geringer Rationalität.

Innerhalb der Lagerbildung gelten immerwährende Spannungen im Diskurs, Konfliktpotenzial ohne Ende und jede strategische Entscheidung wird immens energieraubend sein. Mit einem festgefahrenen und stagnierenden Diskurs beginnt in der Regel auch der Auflösungsprozess der Gruppe, weil kein sinnvoller Schritt noch in irgendeine Richtung getan werden kann. Ironischerweise ist es wahrscheinlich, dass die konfligierenden Lager einer politischen Gruppe irgendwann den Anlass aus den Augen verlieren, aus dem heraus die Gruppe eigentlich entstand.

Es erscheint mir einleuchtend zu sein, eher zwei Lager, die groß genug sind als eigenständige Gruppen zu betrachten, die später miteinander kooperieren können, anstatt in einem Organisationsgefüge über zwei unversöhnliche Anschauungen einander zu sabotieren.

Die Versöhnung zweier zerstrittener Lager stellt die höchste Kunst der Diplomatie dar. Obwohl ich bei mehreren Lagerbildungen zugegen war, so kann ich bisher leider von keiner gemeinschaftlich erfolgreichen Aufhebung berichten.

Fehlende Distanz, Verantwortungsbewusstsein und Professionalität

Mit der Euphorie wurde bereits ein konkretes Beispiel für fehlende Distanz gegeben, das in einem regelrechten Gefahrenkomplex mündet.

Um es kurz zu machen: Mit dem adäquaten Verantwortungsbewusstsein gegenüber den angestrebten Projekten sollte fehlende Distanz schlichtweg unterbunden sein. Sonst wird eine konsensferne Erwartungshaltung offenbar und signalisiert fehlendes Verantwortungsbewusstsein auch in Richtung Netzwerk.

Ziehen wir den Aspekt der Professionalität hinzu, dann reicht es anzuerkennen, dass das Netzwerk über die Annahme der von der Gruppe dargereichten Angebote auch Verantwortung an die Gruppe abtritt.

Daraufhin gestellte Erwartungen in Richtung Professionalität sind dann gegenüber der Kerngruppe durchaus berechtigt und können äußerer Gradmesser des gruppeninternen Verantwortungsbewusstseins sein. Hier klärt sich auch, wie *integer* diese Gruppe schlussendlich nach außen wirkt.

Die Gefahr der Kommerzialisierung

Mit dem anfänglichen organisatorischen Erfolg stellen sich mit der Zeit neue Herausforderungen ein. Unabhängig davon, welche Organisationsstruktur und politisch motivierten Ziele erreicht wurden, es tritt früher oder später die Frage nach der Finanzierung auf.

Ob nun räumliche Autarkie, Selbstversorgung, jedwede Serviceleistung (wie z.B. eine freie Kommunikationsplattform) oder Eventmanagement – all' diese Errungenschaften gibt es nicht kostenlos. Ob nun Erwerbs- oder Unterhaltungskosten[15]: Es werden kaufmännische Fähigkeiten gefragt sein. Auch politischer Widerstand jedweder Art will auf Dauer irgendwie finanziert sein, entweder bereits bei der Inangriffnahme gemeinsamer Handlungen oder um die Fortführung der gemeinsamen Vorhaben zu garantieren. Viele Bereiche können über das Ehrenamt abgedeckt werden und sollten es auch.

---

[15]Diese werden in längerfristigen Projekten leider chronisch unterschätzt.

Dennoch: Oft heißt es, *ohne Moos nix los*. Und dieses Argument lässt sich nicht ganz – bei aller politischen Überzeugung und Idealismus – aus der Welt schaffen. Es hat seine Berechtigung. Es kann mit einem Mitgliedsbeitrag beginnen und bis hin zu Kauf-, Darlehns- und Beschäftigungsfragen reichen. Die Gefahr besteht allerdings darin, dass nicht-kommerzielle Motivationen irgendwann in den Hintergrund rücken.

Spätestens wenn von den Geldern private Rechnungen bezahlt werden, dann beginnt ein Spagatakt. Hochproblematisch wird es, wenn Gruppenmitglieder in dem politisch motivierten Gruppenvorhaben eine Grundlage für das eigene finanzielle Auskommen sehen. Hier dürfte der Interessenkonflikt innerhalb eines ursprünglich politischen Vorhabens vorprogrammiert sein.

Inwieweit gemeinsame Vorhaben einen kommerziellen Charakter innehaben sollten, darüber muss einhellige Klarheit bestehen. Im Zuge einer Gruppenentwicklung können gerade lukrative Gelegenheiten das ursprüngliche Ansinnen (siehe Euphorie) sprengen. Einer der typischen und gefährlichsten Fallstricke für die Gruppe überhaupt.

Unausgesprochene Erwartungshaltung

Eine der schwierigsten Hürden stellen unausgesprochene Erwartungshaltungen dar. Erwartungshaltungen allein sind bereits in transparenter Form in Gruppenbildungsprozessen für den Diskurs eine ständige Belastung.

Da nun einmal Erwartungen sich u.a. aus unseren Hoffnungen und Ängsten speisen, einen permanent bewertenden Begleiter im Leben darstellen und stets Ausdruck unserer Biografien sind, so ist eine Übereinkunft einiger weniger Gruppenmitglieder bereits eine Herausforderung und das Damoklesschwert der entgegengesetzten Erwartungen, immerwährend eine Gruppe zu spalten droht. Umgekehrt sieht es bei Ängsten aus, die nach erfolgreichem Konsens der Wahrnehmung zügig eine Gruppe etablieren können.

Der Grund liegt im nur teilweise authentisch dargestellten Motivationsschlüssel. Bewusste wie auch unbewusste Nachträge können hier die Gruppe in Vertrauenskrisen stürzen und erste Sympathien enttäuschen. Hier sollte von einer bloßen Meinungsänderung unterschieden werden, die alle Menschen aufgrund ihrer alltäglichen Abwägungen vollführen.

Unsere konsensfähigen Motivationen hingegen sollten evidenterweise innerhalb mittel- oder langfristiger Projekte kaum von der Tagesform ihrer Teilnehmer abhängig sein. Sich die Frage hinreichend selbst zu stellen, was man denn eigentlich anstreben möchte, zu geben bereit ist und warum(!), verschont die Gruppe mit ständigen Meinungs- und Standpunktwechsel und erhöht die Chance auf gegenseitiges Vertrauen.

Der heimliche Wunsch nach Deutungshoheit

Wohl eines der höchsten Privilegien, die der Mensch kennt, stellt die Deutungshoheit dar. Ob wir nun in einem Finanzkapitalismus leben und die Bezeichnung zugleich klar festlegt, wo dieses Privileg ansässig ist, aus dem sich unser Ordnungsmodell ableiten lässt, oder sich in kleinen Gruppen ein Rollengefüge entwickelt. In beiden Fällen stellt die Fähigkeit, jedwede Situation eigens zu betrachten und zu deuten, um daraufhin für das gesamte Gefüge verbindliche Entscheidungen zu treffen, das höchste Gut unserer *Macht* dar. Und es ist dieses Privileg, das den Hang zum globalen Zentralismus wohl am besten erklärt.

Für unser Thema: Viele Menschen folgen wenigen oder einzelnen. Dieser Umstand muss erst mal nicht unbedingt schlecht sein, da unsere Organisationsentwicklung epochen- und kulturübergreifend sich nun einmal derart vollzogen hat. Wir kennen das Modell alle. In politisch motivierten Gruppen sollte eher die Frage im Vordergrund stehen, inwieweit die Führungspersönlichkeiten vertrauenswürdig sind. In genau dieser Frage sollten alle anderen Gruppenmitglieder nicht unterwürfig sein.

Sollte grundsätzlich ein anderes Modell gelten, dann müssen alle Mitglieder Qualitäten aufweisen, welche in den meisten vorherigen Gesellschaftsformen nicht abgefragt wurden. Die Deutungshoheit in eine diskursstabile und konsensfähige Gruppe zu verlegen, stellt das ideale Fundament für den hier beschriebenen Ansatz dar.

Kaum nötig in Worte zu fassen, dass ein anhaltendes Ringen um Deutungshoheit jede konstruktive Diskursentwicklung nach dem vorliegenden Ansatz verhindert.

Die irrtümliche Gleichsetzung von Rollen- und Verantwortungsverteilung

Wer handelt, gibt vor. Aber wer vorgibt, trägt längst nicht die gesamte Verantwortung für das gemeinsame Vorhaben.

Je mehr sich die Gruppe mit ihren gesteckten Absichten und Zielen identifiziert, desto eher sind die Mitglieder bereit, auch die daraus resultierende Verantwortung zu tragen. Theoretisch.

Doch: Praktisch sind wir dankbar für Mitmenschen, die Fakten schaffen, Probleme lösen und etwas anbieten, dem wir uns lediglich anzuschließen brauchen.

Aber es sollte auch im Hinblick der Einführung von Vereinbarungen und ihrer Einhaltung unabhängig der Rollensituation eine gleichmäßige Verantwortungsverteilung auf alle Mitglieder erfolgen und die Wichtigkeit dieses Umstandes allen bewusst und klar vor Augen stehen.

Das Anschließen an Projekten fällt den Meisten von uns bei Weitem leichter als selbst Engagement zu zeigen. Deshalb zeigen wir uns oft dankbar, wenn andere die Initiative ergreifen.

Wir stehen gern hinter Dingen, die möglicherweise von anderen getan werden könnten. Und wie sieht es mit den Konsequenzen der bereits vollbrachten Umsetzungen aus? Das Problem der geteilten Verantwortung liegt in der Realisierung des Konkreten.

Und damit wären wir gleich beim nächsten Punkt...

Konkretisierung macht Angst

Wir sind frei, über Ziele zu reflektieren.
Wir sind abhängig, wenn wir über Ziele sprechen.
Wir sind gebunden, wenn wir Ziele umsetzen.

Jeder weiß, dass sich stets wenige Gruppenmitglieder bei der konkreten Umsetzung gemeinsamer Zielsetzungen aktiv zeigen.

Die Frage, die sich aus den gemeinsam gesteckten Zielen ergibt, *was bedeuten sie nun praktisch für mich*, schreckt die meisten Mitglieder aufgrund möglicher Verpflichtungen ab und stärkt den zuvor genannten Problempunkt der Rollen- und Verantwortungsverteilung.

Aktiva in einer Gruppe sollten sich dieser Konstellation gewahr sein: Sie handeln zwar auch für andere, sind aber auf dieser Ebene stets allein und auf sich gestellt. Deswegen müssen sich die Aktiva untereinander finden, um sich im Hinblick auf die Bürde der Verantwortung gegenseitig zu stützen.

Gelingt dies nicht, zeigen sich Situationen, in denen die Aktiva untereinander keinen Konsens zum gemeinsamen Vorhaben findet.

Es handelt sich im übertragenen Sinn um eine Sollbruchstelle, an der sich nicht ganz überraschend zeigt, dass durch die fehlende

Verknüpfung von Konkretion und Verantwortungsbewusstsein dem gemeinsamen Handeln aufgrund fehlender Einhelligkeit ein verfrühtes Ende beschieden ist.

Die guten Ideen der anderen und Bedürfniserfüllung

Wie gern folgen wir einem konstruktiven Gedanken und lassen den Umstand oft unbeachtet, dass wir diesen oft ausschließlich von uns selbst akzeptieren? Wie oft schmälern wir die guten Ideen anderer, nur weil es nicht die eigenen waren?

Besonders ärgerlich ist es, wenn ausgezeichnete Ideen von Mitmenschen stammen, die wir nicht leiden können.

Wie gut kann eine Gruppe sein,
wenn ich nicht im Mittelpunkt stehe?

Diese Aussagen sind nicht halb so lustig, wenn die Gruppen unter derartigen Charakteren leiden.

Wenn Menschen in der Kennenlernphase sich nicht auf Augenhöhe begegnen und sich dem Anlass gemeinsam unterordnen, wie hoch ist die Chance, dass man sich gemeinsam nach einem organisatorischem Vorhaben ausrichtet?

Das Bedürfnis nach Wahrnehmung und Anerkennung wird allzu oft unvermindert in die Gruppe hineingetragen – nicht nur ein Problem der Alphas. Gar nicht gut.

Der demokratische Gedanke als „Notlösung"

Bricht ein konsensorientierter Diskurs unter einem akuten Interessenkonflikt zusammen, dann wird möglicherweise über Lagerbildung langfristig ein Zerfall der vorherigen Gemeinschaft eingeleitet.

Gute Hinweise für ein Aufreiben in der Gruppe liefern der nun einsetzende und beiderseitige Missbrauch des **Konsens** und **Veto**. Damit können die Lager erfolgreich einander lahmlegen bis alle gemeinschaftlichen Energien aufgebraucht sind.

Diese zuvor noch funktionalen Werkzeuge wirken für eine gespaltene Gruppe entgegengesetzt und steigern nun lediglich den Unmut und eine weitere Verhärtung der Fronten.

Wenn eine Gemeinschaft unter einer interessengeleiteten Minderheit samt Konflikt leidet (Stichwort: unfreiwillige Fraktionierung), dann kann für die Mehrheit als „Notlösung" eine demokratische Entscheidung (offen oder geheim) ein Mittel der Wahl sein.

Eine Minderheit, die den Diskurs einseitig dominiert, müsste bei einem zeitweiligen Wechsel zum demokratischen Modell hin, effektiv eingedämmt werden können.

Natürlich weiß auch die Minderheit, dass für die eigenen Interessen ein demokratisches Verfahren von Nachteil sein wird.

Doch um eine Gemeinschaft wiederherzustellen und den Fortbestand auch in Zukunft zu sichern, braucht es eine Veranlassung der Minderheit, sich der Mehrheit wieder anzuschließen.

Hier geht es nicht um eine Machtdemonstration, sondern um das Verlangen der Mehrheit, sich adäquat im Diskurs Gehör verschaffen zu können und ohne diese Möglichkeit wird es keine Gemeinschaft mangels Vertrauen mehr geben – *wie im Großen so im Kleinen*.

Nach einer erfolgreichen Stabilisierung der Gemeinschaft sollte das Konsensverfahren möglichst zeitnah wieder eingesetzt werden.

4.7. GEFAHREN

Was die Gruppe schlussendlich wirklich ist, ...

... stellt sich während der Entwicklung heraus. Mag sein, dass der ursprüngliche Anlass ein politischer war. Doch tatsächlich wurden wir längst eine Therapiegruppe, eine spirituelle Vereinigung oder brachten eine Showbühne oder eine Absatzmöglichkeit für einzelne Mitglieder hervor.

Fern rückte der anfängliche Anlass. So nah kam man dem ursprünglichen Konsens der Handlung nicht noch einmal. Über den Anlass die Genese der Gruppe vor Augen zu haben, ist für alle Gruppenmitglieder immens wichtig. So auch die Veränderungen, die sich mit der Zeit einschleichen. Deswegen sind übermäßige Bei- und Austritte für die Gruppe ungünstig.

Bitte beachten: Die Mitglieder der ersten Stunde nehmen bei Austritt einen Teil des Gruppengedächtnisses und damit auch Gruppenidentität mit sich, die von neuen Mitgliedern nicht ersetzt werden können.

Mit der Veränderung der Gruppenzusammensetzung ändert sich auch die Natur des gemeinsamen Vorhabens.

Weitere Veränderungen rückkoppeln in Richtung Mitgliedersituation und nicht jedes Mitglied wird mit den damit einhergehenden Veränderungen einverstanden sein, wenn dadurch die alten Formen des Konsens aufgehoben werden.

Dieser Wechselprozess könnte im Laufe der Zeit zu einem Gegenteil dessen führen, weshalb man zu anfangs überhaupt zusammenfand.

**Darum ist es so wichtig,
sich der Anfänge zu erinnern.**

4.8 Es gibt noch Vernunft
– und auch ein Happy End?

Der Weg, den wir gemeinsam in unserem kurzen Leben durchschreiten, erscheint seiner Bedeutung nach – so manches Mal – wie ein winziger Tropfen in einem riesigen Ozean. Doch jeder Tropfen, der vom Ozean weiß, und wir sprechen nicht von Dingen, die wir wissen könnten, sondern wissen sollten, kann hoffen lassen, denn wir leben – wie als Beweis – dann nicht gänzlich unbewusst; und das lässt sich wohl am besten in so mancher kritischen Frage, die wir uns und der Welt stellen, festmachen.

So befragen wir das Innen und Außen unseres Daseins und bemühen uns um eine sinnvolle Verknüpfung beider Sphären. Im besten Sinne erziehen wir dahingehend auch unsere Kinder und wünschen Ihnen eine würdigere Zukunft im Sinne unser aller Entwicklung. Wir wünschen ihnen vor allem Liebe, Gelingen, Freude und so wenig Sorge, Leid und Angst wie nur möglich.

Sind wir vor diesem Hintergrund nicht des Krieges Leid,
noch bevor er begonnen hat?
Wissen wir denn nicht, was unseren Kindern guttut?

Oder ist uns die Welt nicht schon längst fremd geworden, weil viele, neue und unbekannten Einflüsse – für uns Eltern – sie uns hat bereits fremd werden lassen? Wie können wir ihre kleinen Hände halten und sie vor der Welt schützen, wenn der Eindruck einer einstigen Stabilität vor unseren Augen Schritt für Schritt schwindet? Waren unsere Großeltern nicht schon in der gleichen Situation gewesen und litten sie nicht darunter, wie auch wir zunehmend heute? Wohlgemerkt: Schritt für Schritt...

Vielleicht haben die zivilisatorischen Errungenschaften Vieles von dem einkassiert, worauf wir nun wehmütig und sehnsüchtig schauen.

4.8. ES GIBT NOCH VERNUNFT
– UND AUCH EIN HAPPY END?

Dinge, an die wir uns, selbst einmal Kind gewesen, zwar durchaus noch erinnern, aber unseren Nachkommen so nicht mehr bieten können. Kann es ein tieferes Gefühl von Verlust geben? So werden Generationen mehr und mehr voneinander entzweit und man nennt es Fortschritt. Doch wir wissen:

Am Grund einer Epoche angekommen,
folgt die Eskalation und dann das große Vergessen.

Wie oft schon? Wir wissen es nicht. So wird man auch uns vergessen. Man sagt uns lediglich, dass alles richtig abläuft und selbst unser eigener (unnatürliche) Tod seine Richtigkeit haben wird.

Nun, hier liegt die Hoffnung in uns allen. Die vernunftgeleitete Einsicht, dass die eigene Tötung (und auch die unserer Kinder) nicht Bestandteil eines sinnvollen Planes sein kann. Wie oft wurde schon nach Freiheit gerufen und sodann verloren Menschen die Freiheit, zu (über)leben?

Wer an einen Retter von außen glaubt, der sich bei näherer Betrachtung vom Henker kaum unterscheiden lässt, sollte sich am Morgen vor den Spiegel stellen, um zu erfahren, wer der eigentliche Retter des eigenen Schicksals und der Schicksale der seinen, nur sein kann.

Ist es nicht vernünftig, sich dessen bewusst zu sein?

Können wir mit dieser Einsicht nicht alle in Reihe aufstehen und nach Lösungen suchen, deren Probleme man uns längst aus der Hand genommen hat? Die, die uns ihre Entscheidungen aufzwingen, interessieren sich nicht für unsere Kinder, denn sie sehen nur ihre. Und dieses geteilte Grundgefühl (Schutz der Nachkommen), das alle Epochen, zivilisierten Kulturen und Klassen verbindet, sollte auch die organisatorischen Herausforderungen gemeinsam bewältigen lassen und nicht zum Nutzen der einen und auf Kosten der anderen.

Meinen Sie nicht auch?

Kapitel 5

Ordnung muss sein.
Aber nicht jede...

5.1 Eine Hand voll Literaturvorschläge...

... soll hier helfen, Gründe zu finden, sich mit dem Thema Gruppenbildung auseinanderzusetzen. Es wird hier nicht dezidiert auf Beiträge der Kleingruppenforschung (bei H.D. Schneider), Gemeinschaftskonzepte (wie bei Eva Stützel), Formen der Selbstorganisation (wie bei Karl Schattenhofer) oder Kommunikationskonzepte alá Schulz von Thun, Gopals *Ehrliches Mitteilen* und Gewaltfreie Kommunikation eingegangen, weil sie in dem eigenen Ansatz, insbesondere als Erfahrungsbericht, nur eine geringe Rolle spielten. Natürlich könnten dahingehend ausgebildete Gruppenmitglieder gerade in Konfliktsituationen den Gruppendiskurs konstruktiv lenken. Doch dieser Personenkreis war leider zu häufig zu schwach vertreten, was in einer Krisensituation wohl auch den Normalfall darstellen dürfte.

Viel eher folgen nun Literaturvorschläge, die die Entscheidung erleichtern sollen, sich politisch mit Gruppenbildung zu beschäftigen. Fast jeder Buchtitel steht für ein ganzes Feld von Perspektiven, aus dem man die Gruppenthematik und ihre Notwendigkeit betrachten kann. Einige Kommentare (in Klammern gehalten) sollen bei der Entscheidung helfen...

Wer über einen dieser Vorschläge einen eigenen Zugang erlangt, also neudeutsch „angetriggert" ist, wird eine Vielzahl von weiteren Beiträgen finden, denn die meisten Probleme sind im Kern nicht wirklich neu – nur der globale Umfang und die technische Umsetzung.

Allem voran: Susan George, Martin Fuhrmann, Daniel Quinn und Yuval Noah Harari. Diese vier Vertreter beleuchten den Aspekt, der unseren Zeitgeist – wie kein anderer – weiterhin prägen wird:

das Bevölkerungswachstum.

• Baños, Pedro (2019): *So beherrscht man die Welt*. München: Heyne Verlag. (Ein schöner Einstieg.)

• Chomsky, Noahm und Edward S. Herman (2006/1975): *Massaker im Namen der Freiheit – Greueltaten und Greuelpropaganda des USA-Imperialismus*. Viöl/ Nordfriesland: Dietrich Bohlinger. (Ein knapper und unschöner Einblick für alle mit einer rosa-roten Brillen auf der Nase.)

• Effenberger, Wolfgang (2022): *Die unterschätzte Macht. Von Geo- bis Biopolitik - Plutokraten transformieren die Welt*. 2. Aufl. Höhr-Grenzhausen: Zeitgeist Verlag. (Der Titel spricht wohl für sich selbst.)

• Friedmann, George (2009): *Die nächsten hundert Jahre. Die Weltordnung der Zukunft*. Frankfurt am Main: Campus. (Eine immerwährende geopolitische Prügelei als glorreiche Aussicht... Na toll! Vielleicht bekommen wir es doch besser hin...)

• Fromm, Erich (1982): *Über den Ungehorsam und andere Essays*. Stuttgart: Deutsche-Verlags-Anstalt. (Eine Erinnerung für alldiejenigen, die meinem, in einem freiheitlich-demokratischen Rechtsstaat zu leben.)

• Fuhrmann, Martin (2002): *Volksvermehrung als Staatsaufgabe? Bevölkerungs- und Ehepolitik in der deutschen politischen und ökonomischen Theorie des 18. und 19. Jahrhunderts*. Paderborn: Ferdinand Schöningh. (Ja ja, was nicht alles in die Staatszwecklehre gehörte – oder gehört? Eine Dissertation.)

• George, Susan (2001): *Der Lugano-Report*. Reinbeck bei Hamburg: Rowohlt. (Der eigentliche Grund für das eigene Buchprojekt. Hier geht es nicht um das Ob, sondern um das Wie von Bevölkerungsreduzierung.)

- Guérot, Ulrike: *Wer schweigt, stimmt zu. Über den Zustand unserer Zeit und darüber, wie wir leben wollen.* Frankfurt am Main: Westend, 2022. (Aber es schweigen nicht alle. Ein Glück!)

- Harari, Yuval Noah (2018a): *Homo Deus. Eine Geschichte von morgen.* 13. Aufl. München: C.H.Beck. (Bei dieser dargestellten Zukunft wünscht man sich, es wäre bereits übermorgen.)

- Krishnamurti, Jiddu (1992): *Einbruch in die Freiheit.* 16. Aufl. Frankfurt am Main: Ullstein Verlag. (Ein Aufruf zur unbedingten Freiheit. Absolut empfehlenswert.)

- Luck, Georg (2002): *Die Weisheit der Hunde – Texte der antiken Kyniker in deutscher Übersetzung mit Erläuterung.* Stuttgart: Kröner Verlag (WBG Ausgabe).

- Mausfeld, Rainer (2018): *Warum schweigen die Lämmer? Wie Elitendemokratie und Neoliberalismus unsere Gesellschaft und unsere Lebensgrundlage zerstören.* Frankfurt am Main: Westend. (Ein gelungener historischer und wohl auch ein aktuell bleibender Beitrag zum Thema „*Meinungsmanagement*".)

- Müller, Albrecht (2020): *Glaube wenig, Hinterfrage alles, Denke selbst. Wie man Manipulation durchschaut.* Frankfurt am Main: Westend. (Eine schöne Übersicht in Verbindung mit Mausfelds *Warum schweigen die Lämmer?*)

- Nehls, Michael (2023): *Das indoktrinierte Gehirn: Wie wir den globalen Angriff auf unsere mentale Freiheit erfolgreich abwehren.* Vörstetten: Mental Enterprises Verlag. (Ein aktueller Beitrag aus der Neurologie über das Thema *Angriff auf die Gesellschaft*.)

- Schwab, Klaus und Thierry Malleret: *Covid-19. Der große Umbruch.* Schweiz: Forum Publishing, 2020. (Die hellseherischen Fähigkeiten sind legendär, fast so sehr wie die der heutigen Instanzen, die uns die Pandemien der Zukunft prophezeien. Ein Schelm, wer hier Böses denkt.)

- Pfluger, Christoph (2019): *Die Strategie der friedlichen Umwälzung – eine Antwort auf die Machtfrage.* Solothurn: edition Zeitpunkt. (Einige Überlegungen, wie unsere Gesellschaft aus dem Agenda-Strudel friedlich herausgelangen kann.)

- Quinn, Daniel (1996): *The Story of B. An Adventure of the Mind and Spirit.* (Tja, wie man bei Mäusen über Nahrungsmittelverknappung deren Populationsentwicklung beinflussen kann. Was bei Mäusen funktioniert... Bitte selber einmal reinschauen. Lohnt sich!)

- Wiener, Norbert (1952): *Mensch und Menschmaschine.* Alfred Metzner Verlag: Frankfurt am Main. (Nicht nur in Verbindung mit Harari absolut lesenswert. Wovor Wiener warnt, gilt bei Harari und dem Transhumanismus als unabwendbare Offenbarung. Und es liegt gerade mal ein Dreivierteljahrhundert dazwischen. Verrückt...)

5.2 Ende

Oh, Sie sind immer noch da?
Oh, wie schön!!!

Vielen Dank, dass sie es bis hierher geschafft haben. Einige Worte zur Entstehung dieses Vorhabens.

Dieses Buchprojekt ist jenseits jeder Zensur entstanden und damit auch fernab eines anerkannten Verlages.

Es hat zudem keine professionell lektorische Überarbeitung erfahren. Die Verbindung zwischen Autor und Leser kann somit wohl kaum noch direkter sein.

Bitte bedenken Sie, dass ein derartiges Buchprojekt in der heutigen Zeit und in einer absehbaren Zukunft nicht unproblematisch ist.

Deswegen bin ich für jede Unterstützung, die ich während der Entstehung erfahren durfte, von Herzen dankbar!

Ich wünsche Ihnen alles erdenklich Gute. Bleiben Sie im Geiste gesund, denn das kann nur die Hauptaufgabe in dieser seltsamen Zeit der inszenierten Verwirrung sein. Vielleicht sehen wir uns wieder.

Ich würde mich freuen! Sapere aude!

Ihr Paul Vervé